计算力腾飞之路 ①

零基础 ▶ 15级

爱棋道教研组　编著

山西出版传媒集团　书海出版社

图书在版编目（CIP）数据

计算力腾飞之路. 1 / 爱棋道教研组编著 . —太原：
书海出版社，2024.6（2024.10 重印）
ISBN 978-7-5571-0135-0

Ⅰ . ①计… Ⅱ . ①爱… Ⅲ . ①围棋—教材 Ⅳ .
① G891.3

中国国家版本馆 CIP 数据核字（2024）第 071728 号

计算力腾飞之路. 1

编　　著：爱棋道教研组
责任编辑：张　洁
助理编辑：王逸雪
复　　审：崔人杰
终　　审：梁晋华
装帧设计：刘凌宇

出 版 者：山西出版传媒集团·书海出版社
地　　址：太原市建设南路 21 号
邮　　编：030012
发行营销：0351 - 4922220　4955996　4956039　4922127（传真）
天猫官网：https://sxrmcbs.tmall.com　电话：0351 - 4922159
E — mail：sxskcb@163.com　发行部
　　　　　sxskcb@126.com　总编室
网　　址：www.sxskcb.com

经 销 者：山西出版传媒集团·书海出版社
承 印 者：山西出版传媒集团·山西新华印业有限公司

开　　本：890mm×1240mm　　　1/16
印　　张：10.75
字　　数：192 千字
版　　次：2024 年 6 月　第 1 版
印　　次：2024 年 10 月　第 2 次印刷
书　　号：ISBN 978-7-5571-0135-0
定　　价：24.00 元

如有印装质量问题请与本社联系调换

序

教真围棋，用围棋成就孩子更好的人生！

仿佛只在一转眼间，爱棋道就已经成立近十年了，一路走来，爱棋道从无到有，创造了很多的第一。我们是第一家专业从事围棋线上教育的企业，围棋行业内第一个采用线上双师直播教学模式，第一个站立式在线课堂技术的研发和使用者，第一个线上线下相融合教学模式的开创者……

以上这些技术上的创新和突破引领了围棋教育行业的发展，这足以让我们自豪，但是，最让我们骄傲的，还是在这十年间，我们得到了数十万热爱围棋的学生们和家长们的认可。我想，爱棋道能建立起好口碑的原因不仅仅是以上提到的这些技术、内容、模式和数据，更是源自于我们对于围棋教育的深刻理解，还有对孩子发自内心的爱。

每一位新同事加入团队的第一课，是我为他们讲解爱棋道创业路上的历史故事，还有团队的文化价值观。其内容包括什么是真围棋，爱棋道对老师的要求都有哪些，正确的围棋教育理念应该怎么理解和传递等等。在我们看来，以上这些不仅是一家优秀围棋教育企业所必须要在内部形成的共识，更是一个组织的灵魂和信仰。可以这么说，如果对上面的问题没有足够深入的理解，不能让所有团队成员予以发自内心的重视，那么这家企业就会变成一个冷冰冰的机器，除了赚钱以外，不能给孩子和家长带来人生层面的价值，不能给国家和社会带来价值，更不能赢得从内到外的，所有人发自内心的尊重和喜爱。

在爱棋道看来，所教授的真围棋应具有六个层面，排在第一位的就是让孩子高效率地进步。在爱棋道刚刚创业之初，市面上充斥着大量的伪围棋教学机构，这样的机构打着所谓"快乐围棋"的幌子，有意拖慢教学进度，把一节课能教的知识点拆分成两节甚至三节课来教，同时用"交钱越多课时费越便宜"的营销手法，忽悠家长一交就是两三年的学费，这样一来，机构赚得盆满钵满，而那些没有专业辨别能力的家长，在白白浪费了多年时间和金钱之后发现孩子一无所获，最终只能怀着对围棋的抵触甚至怨气而离开，这样的现象，让我看在眼里痛在心头。作为一名在围棋领域深耕近四十年、对围棋无比热爱的职业棋手，我立志要让这样的现象从围棋行业中彻底消失。

要达到这个目标没有别的办法，只有一步一个脚印地做好爱棋道，给孩子最好的教学效果，给家长传播正确的教育理念，让每一位学生都能在围棋的世界里收获到人生高度的价值，最终让爱棋道成为围棋教育行业的灯塔，让所有学围棋的家庭不再走弯路。怀着这样的理想和信念，在创业之初，我们就把爱棋道的使命定为了——"教真围棋，用围棋成就孩子更好的人生"。

爱棋道教育理念中，真围棋的第二至第六条分别是，帮助孩子了解围棋蕴含的文化和哲理；帮助孩子通过胜负磨练心性；帮助孩子建立全局思考意识；帮助孩子树立目标和目标感；帮助家长理解围棋对于孩子人生的意义。

在我们看来，当客观上有把握做到第一条之后，我们也要给予孩子更多正确的人生观和价值观的输入，围棋不仅仅只有胜负，我们既要让孩子拥有战胜对手的强大实力，也要让他们具有在内心中战胜自己的能力和意识，这既是古人所说的"胜人者有力，自胜者强"的道理，也是一家优秀的教育企业所应该承担的社会责任。

基于上述的理念，爱棋道十年磨一剑，推出这套适合启蒙棋童的练习册，其出发点正是希望孩子们可以在一开始就接触到真围棋，练好基本功，锻炼出强大的实力。

启蒙时期是孩子围棋学习中最重要的阶段，更是我们教育从业者工作的重中之重。让孩子"来之则喜，战之能胜"，则是启蒙教学的关键所在。得益于爱棋道教研团队十年以来的教学经验和技术数据的积累，我们做了许多创新。相较于其他同类型练习册，本书有几大优势如下：

1.题型种类更丰富——本书中不止有传统的落子题，更有选择题、判断题等题型，这可以全方位、多角度地锻炼孩子们的观察分析、逻辑思维、对比归纳、想象创造、换位思考等能力，且不同类型的题目相结合，能营造出更合理的难度梯度，还可以让孩子做题的时候更有趣味性和成就感。

2.知识点拆分更细致——例如本书把"征吃"这一章节拆分成了七个小节，将"征吃"这个重要却难掌握的知识点一步步解构，帮助孩子由浅入深、全方位无死角地认识征吃，让学习的难度曲线更加平滑。

3.精编实战运用题——本书针对初学者常见的"会做题但实战运用难"的痛点，将每一章知识编入实战棋形，专设"实战运用"章节，助力孩子完成从做题到下棋的闭环。

4.严格的难度区隔——本书的每个知识点下，只保留最符合实战逻辑的题目，简化学习难度，以保证专项练习的效果。同时每个章节的难题都单独摘出，放入深度拓展环节中，供学有余力的孩子进行挑战性练习，这样既保证了最基本的训练效果，也让不同水平的孩子，其学习兴趣都可以得到更大程度的呵护。

5.配套答案及名师讲解视频——本书中的一千多道题目，都配套了爱棋道名师的讲解视频，家长扫一扫书中相匹配的二维码即可收看。这可以帮助家长随时随地陪孩子完成"即错、即学、即改"的学习闭环，让孩子知其然更知其所以然，进而避免没有反馈的低效学习。这个创新不仅极大提高孩子的学习效果，也能让陪伴的家长们更轻松，更放心。

相比较于我们星辰大海般的远大理想，本书只是爱棋道用爱和科技推动围棋教育进步的涓涓细流。在此衷心希望我们所秉持的教育理念，能得到更多家长和孩子的认可，能助力围棋的智慧之花开满神州大地，最终让每一位学生都能收获到可受益终生的一项爱好，让每一位孩子都能在围棋中成就自己更好的人生。

爱棋道创始人——职业七段王煜辉

2024年1月24日

爱棋道（北京）文化传播有限公司成立于2015年2月，是国内最早专注于围棋在线教育的企业，其首创12.5级围棋教学体系的专业训练模式，经过近10年的发展，目前爱棋道学员已经覆盖全国285个城市、有100余万人次的棋童曾在爱棋道平台学习。

爱棋道创始人王煜辉老师为职业七段，在其职业生涯中曾多次获得国内职业围棋比赛冠军，在世界围棋锦标赛上曾获得季军的优异成绩。

爱棋道总部位于首都北京，并于2022年荣膺北京市体育产业示范单位，2023年获得国家高新技术企业、北京市专精特新中小企业的荣誉称号。

爱棋道秉持"教真围棋，用围棋成就孩子更好的人生"的教育使命，以人工智能+素质教育为支点，超越传统围棋教学模式，助力中国围棋教育事业创新和发展。

目 录

一　棋子的气

1. 标记气与数气（无对方子）

在棋盘上标记黑棋的气。

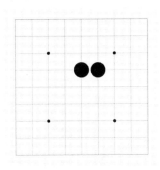

1

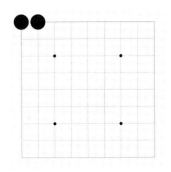

2

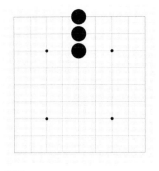

3

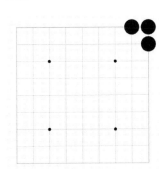

4

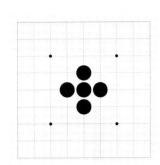

5

黑棋有几口气？

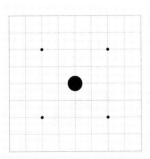

1　　　（　　）

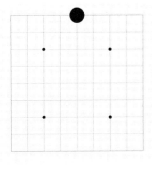

2　　　（　　）

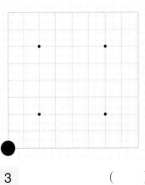

3　　　（　　）

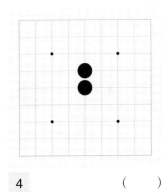

4　　　（　　）

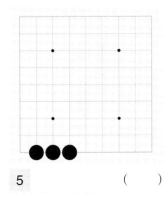

5　　　（　　）

扫码看答案　　　扫码看题　　　扫码看视频

2.标记气与数气

在棋盘上标记黑棋的气。

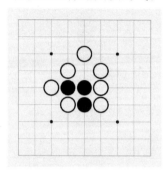

1

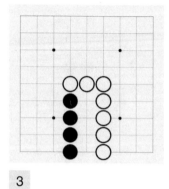

2

3

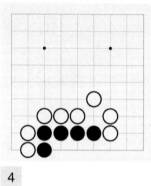

4

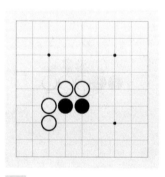

5

黑棋有几口气?

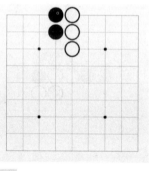

1 （　　）

2 （　　）

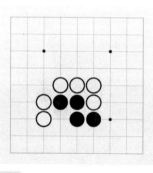

3 （　　）

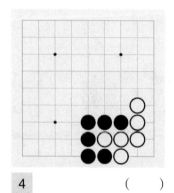

4 （　　）

5 （　　）

扫码看答案　　扫码看题　　扫码看视频

3.实战运用

在棋盘上标记黑棋气最少的棋子。

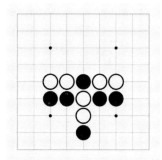

1

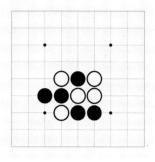

2

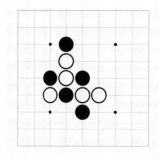

3

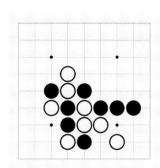

4

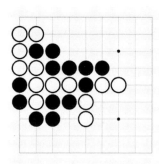

5

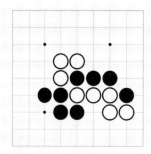

6

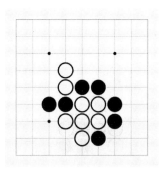

7

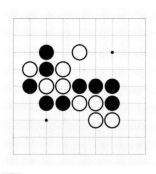

8

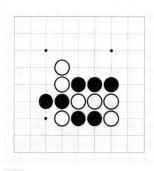

9

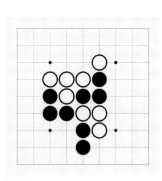

10

扫码看答案

扫码看题

扫码看视频

4.深度拓展

被标记的黑棋有几口气?

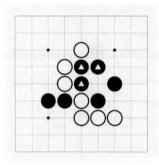

1 　　　　（ ）

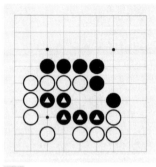

2 　　　　（ ）

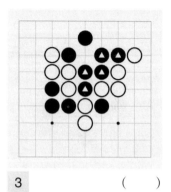

3 　　　　（ ）

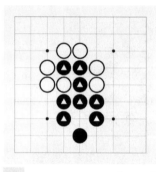

4 　　　　（ ）

5 　　　　（ ）

标记出气最少的黑子。

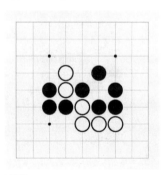

1

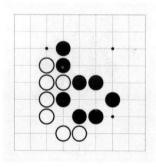

2

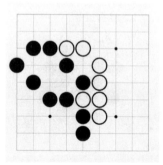

3

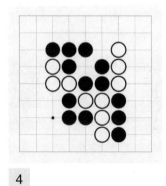

4

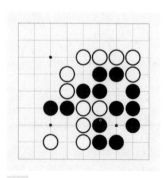

5

扫码看答案

扫码看题

二 提子

1.标记被提掉的子、提子判断

在棋盘上标记被提掉的棋子。

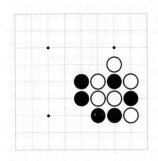

1

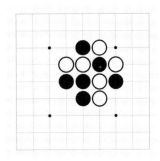

2

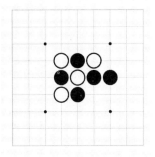

3

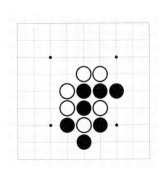

4

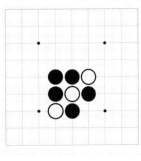

5

判断被标记的棋子是否被提？是√,不是×。

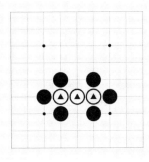

1 （ ）

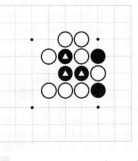

2 （ ）

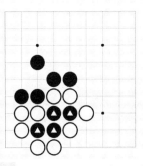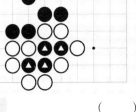

3 （ ）

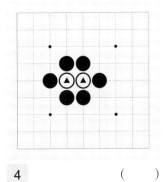

4 （ ）

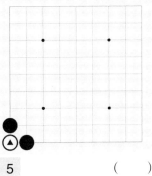

5 （ ）

扫码看答案　　扫码看题　　扫码看视频

2.提子目标

选择只剩一口气的棋。

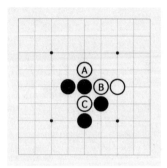

1 　　　　（　　）

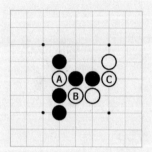

2 　　　　（　　）

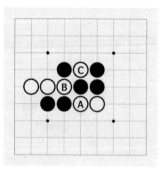

3 　　　　（　　）

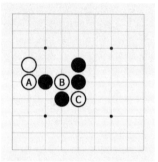

4 　　　　（　　）

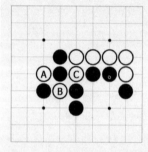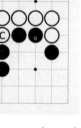

5 　　　　（　　）

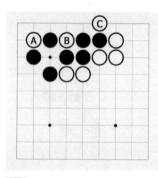

6 　　　　（　　）

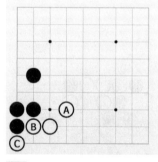

7 　　　　（　　）

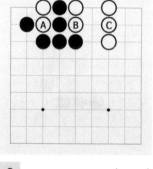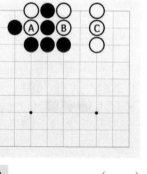

8 　　　　（　　）

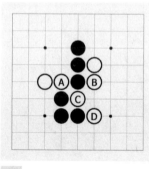

9 　　　　（　　）

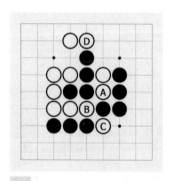

10 　　　　（　　）

扫码看答案　　扫码看题　　扫码看视频

3.提子过程

黑先,提掉只剩一口气的白子。

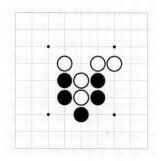

1

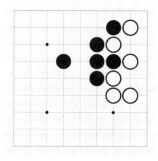

2

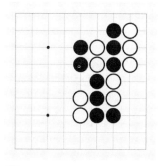

3

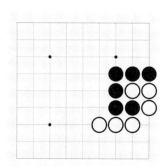

4

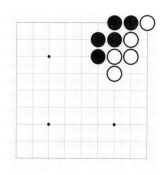

5

6

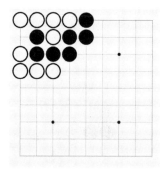

7

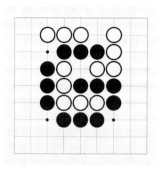

8

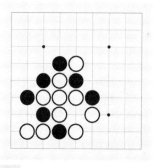

9

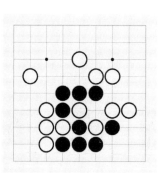

10

扫码看答案

扫码看题

扫码看视频

4.实战运用

黑先,提掉只剩一口气的白子。

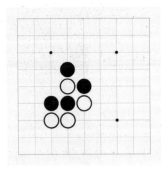

1

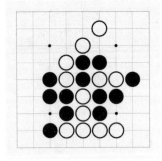

2

3

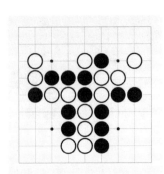

4

5

6

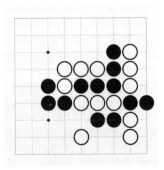

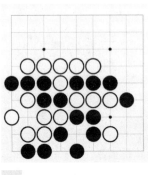

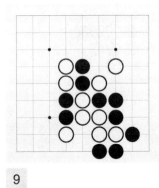

7

8

9

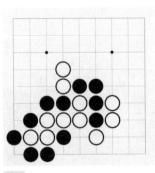

10

扫码看答案

扫码看题

扫码看视频

5.深度拓展

黑先,提掉只剩一口气的白子。

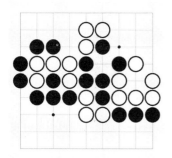

1

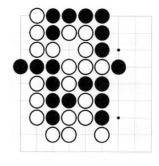

2

3

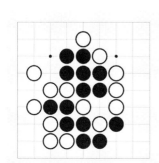

4

5

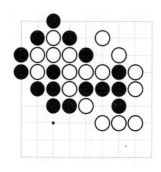

6

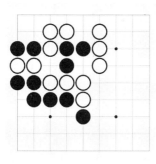

7

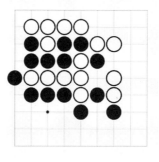

8

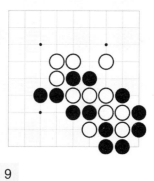

9

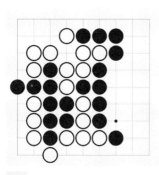

10

扫码看答案　　扫码看题

三 打吃

1.打吃判断与选择打吃

黑棋走哪里是打吃？

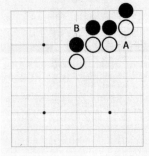

1 （ ）

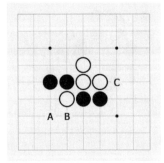

2 （ ）

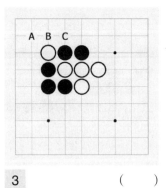

3 （ ）

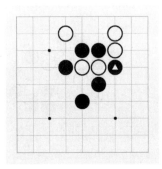

4 （ ）

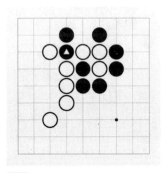

5 （ ）

黑这手棋是不是打吃？是√,不是×。

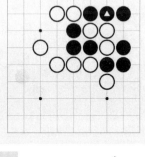

1 （ ）

2 （ ）

3 （ ）

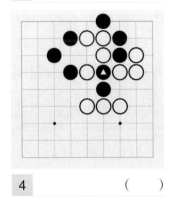

4 （ ）

5 （ ）

扫码看答案　　　扫码看题　　　扫码看视频

2.寻找打吃目标与打吃过程

黑棋走在哪里可以打吃白棋？

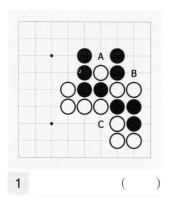

1　　　　（　　）

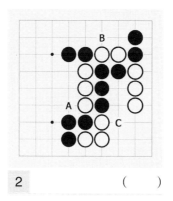

2　　　　（　　）

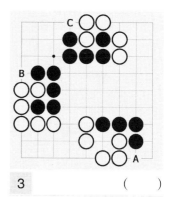

3　　　　（　　）

黑先,打吃白棋。

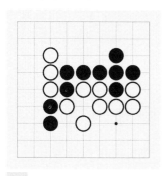

1

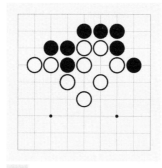

2

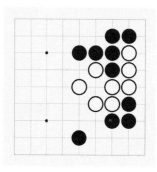

3

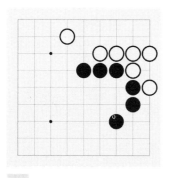

4

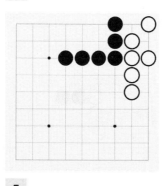

5

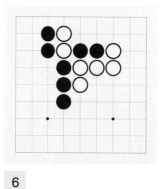

6

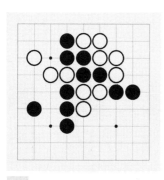

7

3.实战运用

标记出所有可以打吃白棋的点。

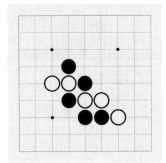

1

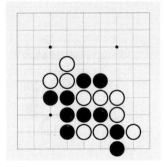

3

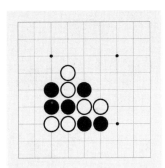

4

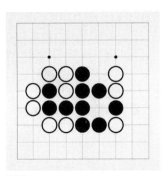

5

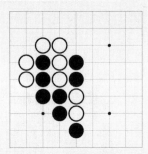

6

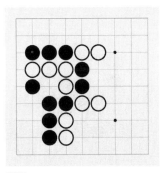

7

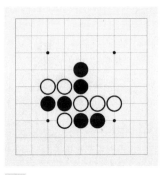

8

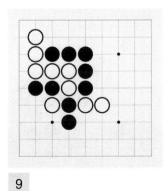

9

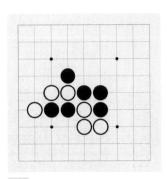

10

扫码看答案　　扫码看题　　扫码看视频

4.深度拓展

标记出所有可以打吃白棋的点。

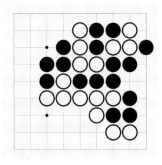

1

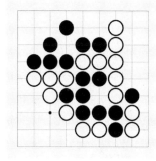

2

3

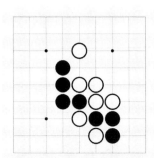

4

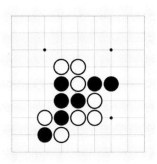

5

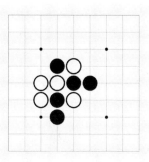

6

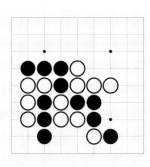

7

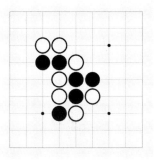

8

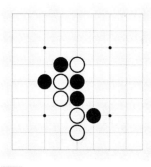

9

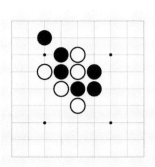

10

扫码看答案　　扫码看题

四 一气逃跑

1.逃跑判断

这块黑棋需要逃跑吗？是√,不是×。

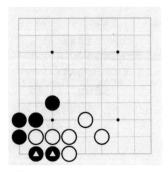

1 （　）

2 （　）

3 （　）

黑先,逃出被打吃的子力。

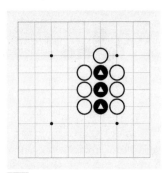

1

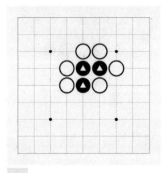

2

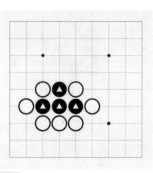

3

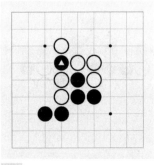

4

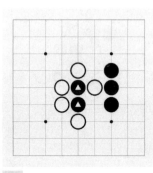

5

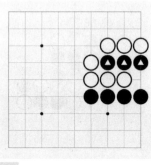

6

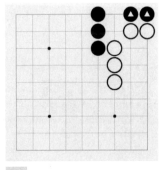

7

扫码看答案

扫码看题

扫码看视频

2.寻找危险子

标记被打吃的棋子。

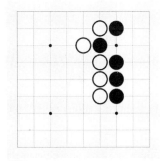

1

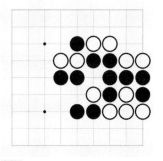

2

3

黑先,救出被打吃的棋子。

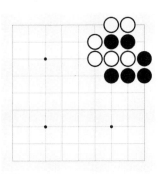

1

2

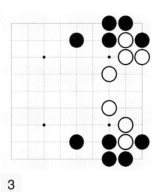

3

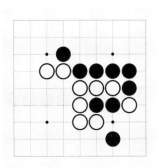

4

5

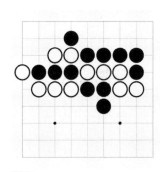

6

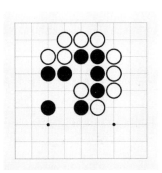

7

3.实战运用

黑先，救出被打吃的棋子。

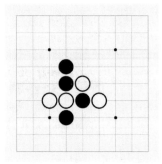

1

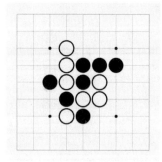

2

3

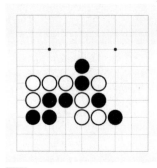

4

5

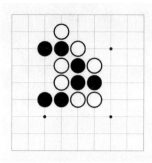

6

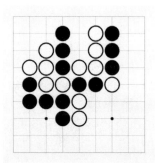

7

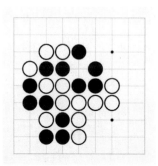

8

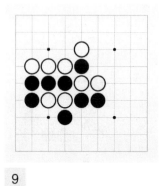

9

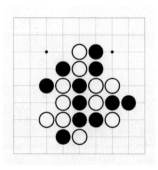

10

扫码看答案　　扫码看题　　扫码看视频

4.深度拓展

黑先,救出被打吃的棋子。

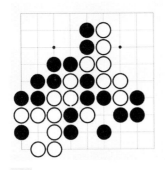

1

2

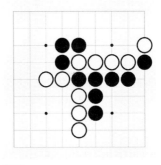

3

4

5

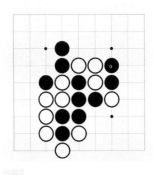

6

7

8

9

10

五 第一单元复习

1.综合练习

标记出黑棋的气。

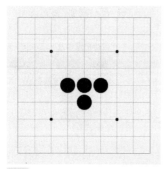

1

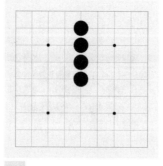

2

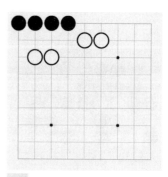

3

黑先,提掉被打吃的白棋。

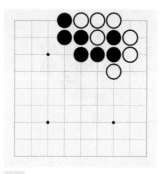

1

2

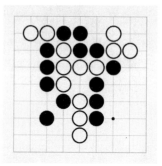

3

黑先,救出被打吃的棋子。

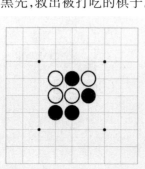

1

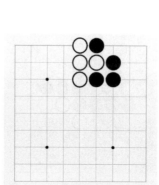

2

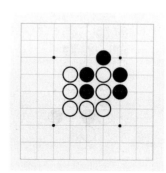

3

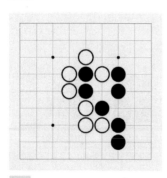

4

扫码看答案　　扫码看题

2.综合练习

标记出黑棋的气。

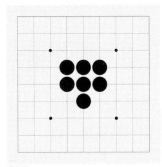

1

2

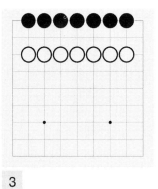

3

黑先,提掉被打吃的白棋。

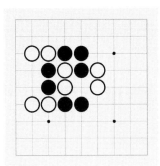

1

2

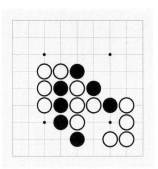

3

黑先,救出被打吃的棋子。

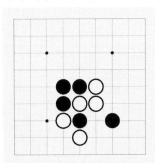

1

2

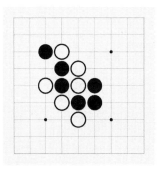

3

4

扫码看答案

扫码看题

3.实战运用

标记出黑棋气最少的棋子。

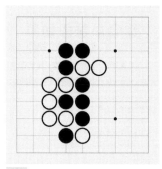

1

2

黑先,提掉只剩一口气的白子。

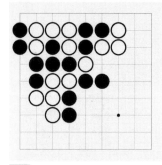

1

2

扫码看答案   扫码看题

标记出所有可以打吃白棋的点。

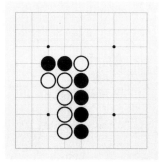

1

2

3

黑先,救出被打吃的棋子。

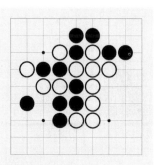

1

2

3

六　虎口

1.虎口判断、虎口标记

标记出黑棋的虎口。

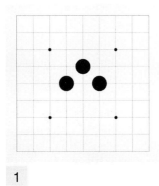

1

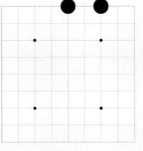

2

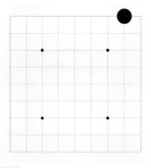

3

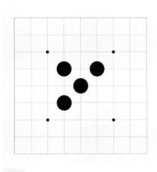

4

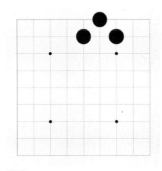

5

判断标记处是不是虎口,是√,不是×。

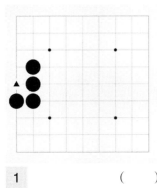

1　　　　　（　　）

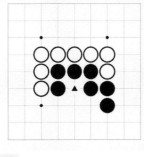

2　　　　　（　　）

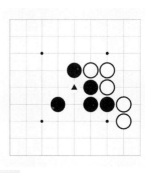

3　　　　　（　　）

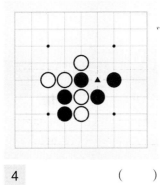

4　　　　　（　　）

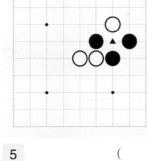

5　　　　　（　　）

扫码看答案　　扫码看题　　扫码看视频

2.数虎口、制造虎口

现在黑棋有几个虎口?

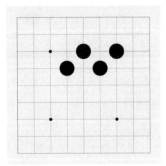

1 　　　　　　(　)

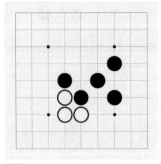

2 　　　　　　(　)

3 　　　　　　(　)

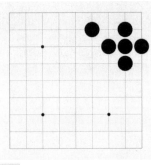

4 　　　　　　(　)

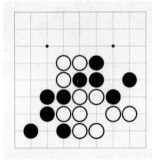

5 　　　　　　(　)

黑棋如何制造虎口?

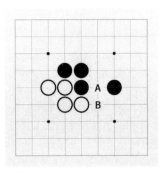

1 　　　　　　(　)

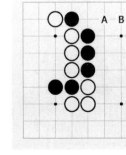

2 　　　　　　(　)

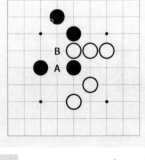

3 　　　　　　(　)

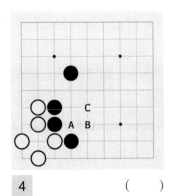

4 　　　　　　(　)

5 　　　　　　(　)

扫码看答案　　扫码看题　　扫码看视频

3.实战运用

黑棋如何制造虎口?

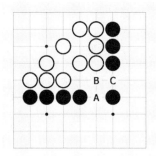

1 （　　）

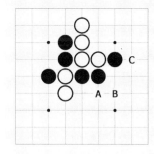

2 （　　）

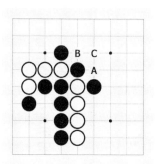

3 （　　）

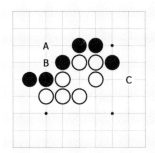

4 （　　）

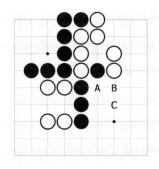

5 （　　）

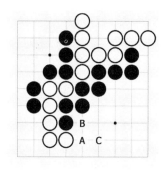

6 （　　）

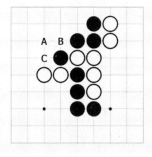

7 （　　）

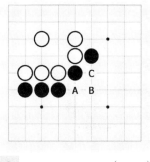

8 （　　）

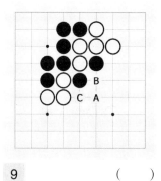

9 （　　）

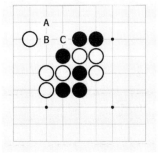

10 （　　）

扫码看答案

扫码看题

扫码看视频

4.深度拓展

标记出双方所有的虎口。

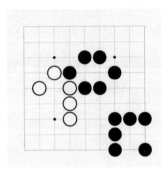

1

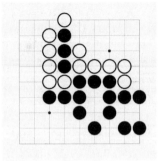

3

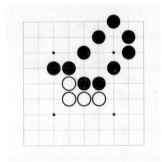

4

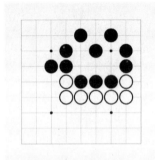

5

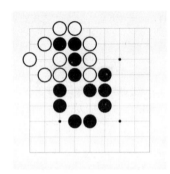

6

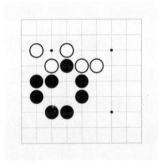

7

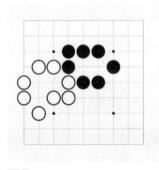

8

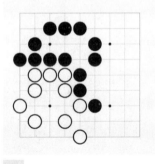

9

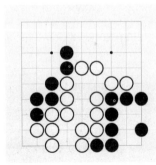

10

扫码看答案

扫码看题

七　禁入点

1.禁入点判断与选择

此处是黑棋的禁入点吗？是√,不是×。

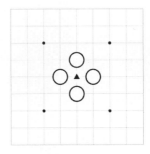

1　　　　　（　）

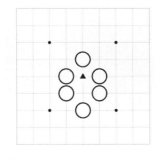

2　　　　　（　）

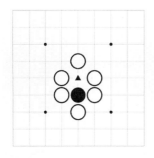

3　　　　　（　）

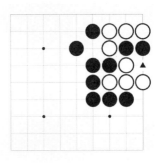

4　　　　　（　）

扫码看答案　　扫码看题　　扫码看视频

分辨黑棋的禁入点。

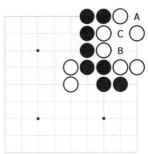

1　　　　　（　）

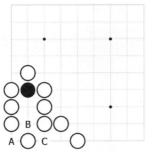

2　　　　　（　）

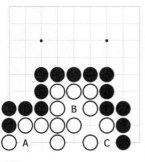

3　　　　　（　）

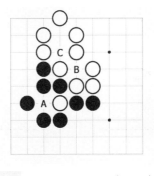

4　　　　　（　）

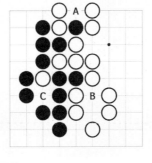

5　　　　　（　）

6　　　　　（　）

2.提子与禁入点辨别(真假禁入点)

此处是黑棋的禁入点吗？是√,不是×。

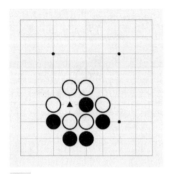

1 （　　）

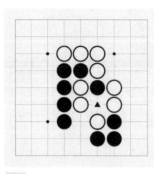

2 （　　）

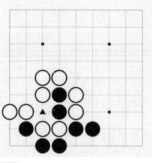

3 （　　）

4 （　　）

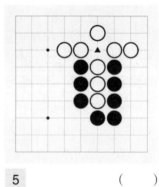

5 （　　）

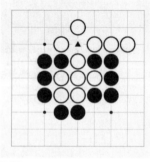

6 （　　）

7 （　　）

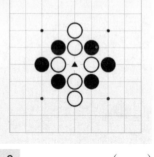

8 （　　）

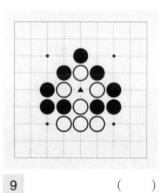

9 （　　）

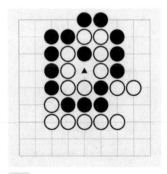

10 （　　）

扫码看答案

扫码看题

扫码看视频

3.实战运用

标记出所有白棋的禁入点。

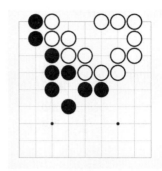

1

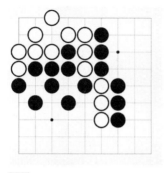

2

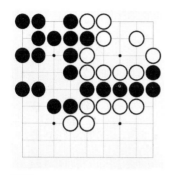

3

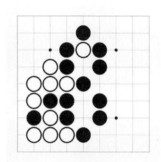

4

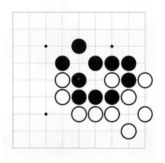

5

6

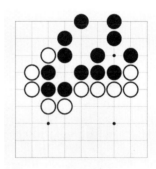

7

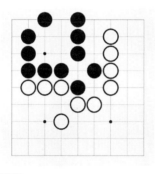

8

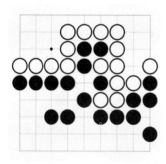

9

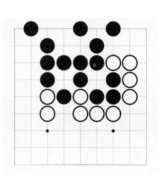

10

扫码看答案

扫码看题

扫码看视频

4.深度拓展

标记出双方所有的禁入点。

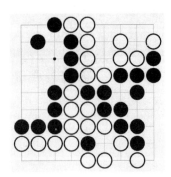

1

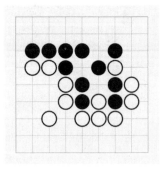

3

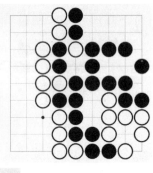

5

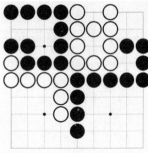

6

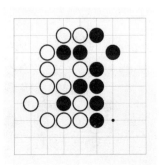

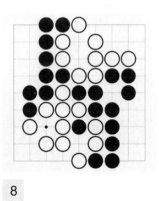

8

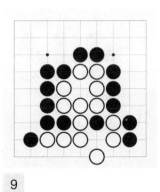

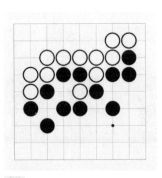

2

4

7

9

10

扫码看答案　　扫码看题

八　打劫

1.劫的判断

标记处是打劫吗？是√,不是×。

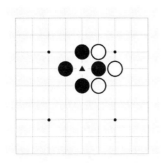

1　　　　（　　）

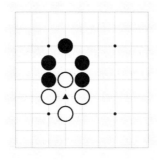

2　　　　（　　）

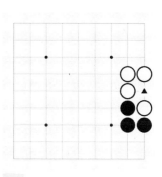

3　　　　（　　）

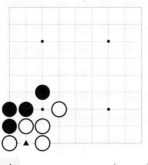

4　　　　（　　）

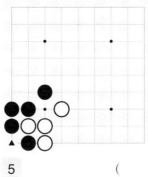

5　　　　（　　）

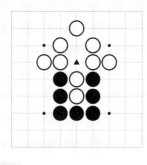

6　　　　（　　）

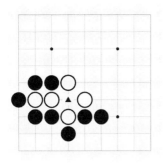

7　　　　（　　）

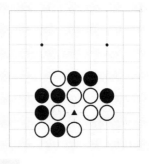

8　　　　（　　）

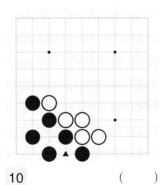

9　　　　（　　）

10　　　　（　　）

扫码看答案　　扫码看题　　扫码看视频

2.提劫

黑先,写出提劫的一手棋。

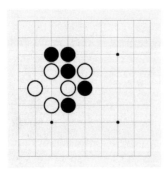

1

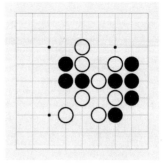

3

（图3上方）

2

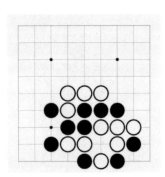

4

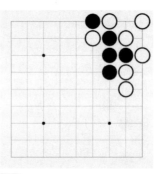

5

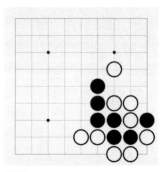

6

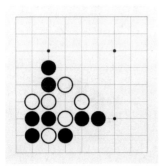

7

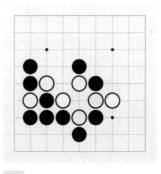

8

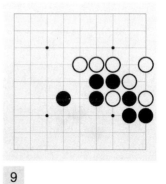

9

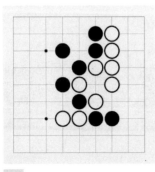

10

扫码看答案　　扫码看题　　扫码看视频

3.消劫

帮黑棋选择最好的消劫方法。

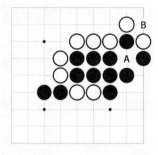

1　　　　　（　　）

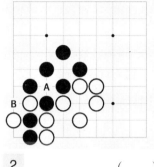

2　　　　　（　　）

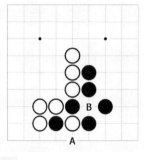

3　　　　　（　　）

黑先,写出消劫的一手棋。

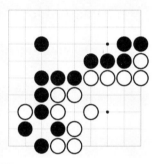

1

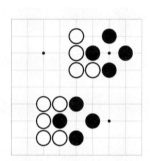

2

3

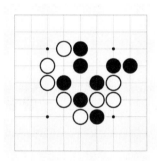

4

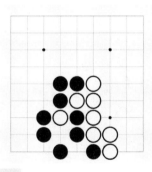

5

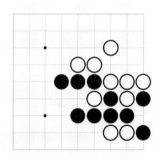

6

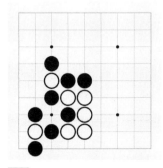

7

4.实战运用

标记处的棋型是打劫吗？ 是√,不是×。

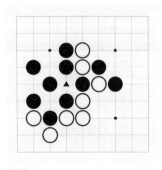

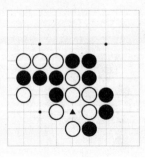

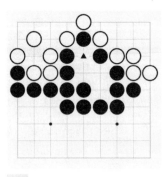

1 　　　　　（　　）　　　2 　　　　　（　　）　　　3 　　　　　（　　）

黑棋走哪里提劫？

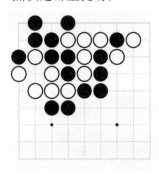

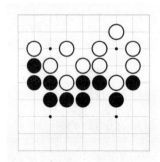

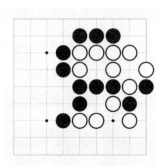

1 　　　　　　　　2 　　　　　　　　3

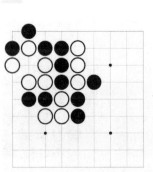

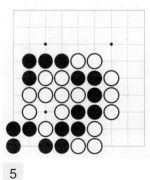

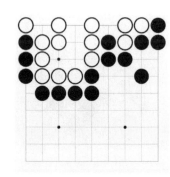

4 　　　　　　　　5 　　　　　　　　6

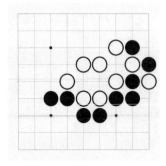

7

扫码看答案

扫码看题　　　扫码看视频

5.深度拓展

标记处是打劫吗？是√,不是×。

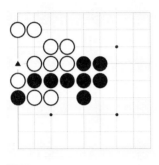 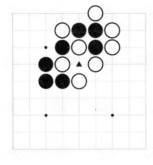 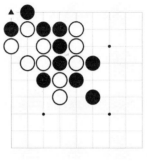

1　　　（　　）　　2　　　　　（　　）　　3　　　（　　）

黑先,写出提劫的一手。

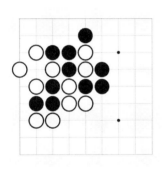 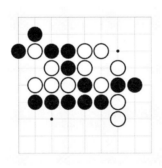 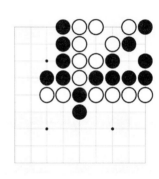

1　　　　　　　2　　　　　　　3

此时黑应该如何消劫？

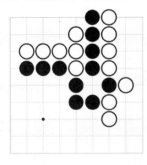 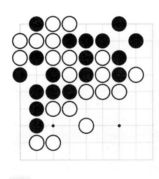 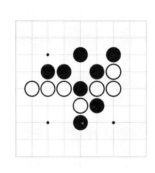

1　　　　　　　2　　　　　　　3

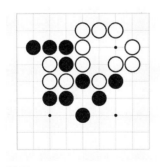

扫码看答案　　扫码看题

4

九 打二还一

1.打二还一判断

标记处是不是打二还一？是√,不是×。

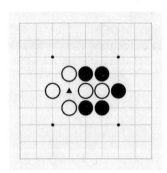

1　　　　　　（　　）

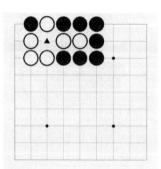

2　　　　　　（　　）

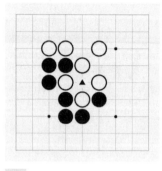

3　　　　　　（　　）

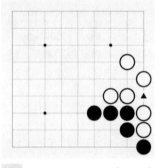

4　　　　　　（　　）

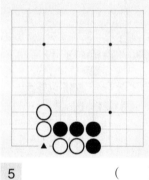

5　　　　　　（　　）

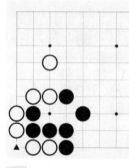

6　　　　　　（　　）

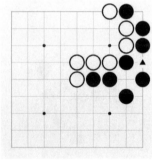

7　　　　　　（　　）

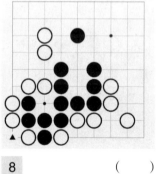

8　　　　　　（　　）

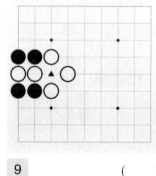

9　　　　　　（　　）

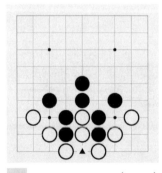

10　　　　　　（　　）

扫码看答案　　扫码看题　　扫码看视频

2.打二还一过程

黑先,写出打二还一的完整过程,共2手。

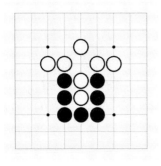

1

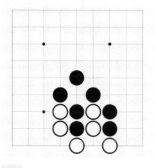

2

3

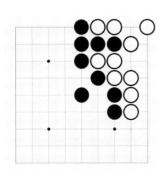

4

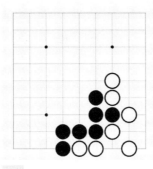

5

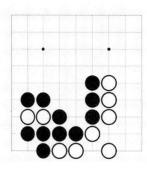

6

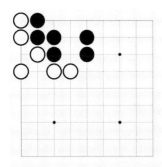

7

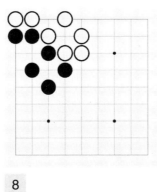

8

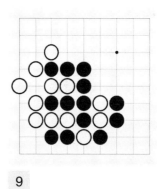

9

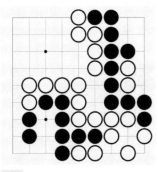

10

扫码看答案

扫码看题

扫码看视频

3.实战运用

标记处是不是打二还一？是√,不是×。

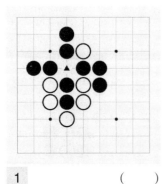

1　　　　　　（　）

2　　　　　　（　）

3　　　　　　（　）

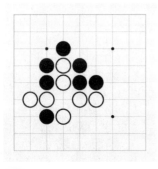

4　　　　　　（　）

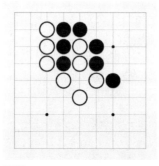

5　　　　　　（　）

黑先,写出打二还一的过程。

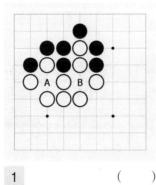

1

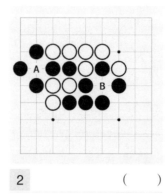

2

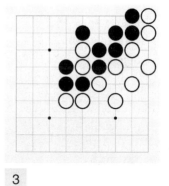

3

哪边是打二还一？

1　　　　　　（　）

2　　　　　　（　）

扫码看答案　　扫码看题　　扫码看视频

4.深度拓展

标记处是不是打二还一？是√,不是×。

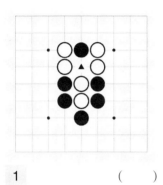

1 （　　）

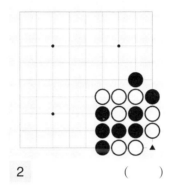

2 （　　）

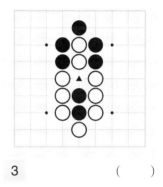

3 （　　）

哪处是打二还一？

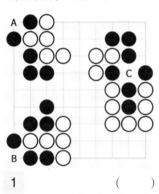

1 （　　）

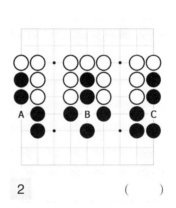

2 （　　）

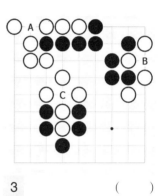

3 （　　）

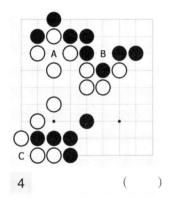

4 （　　）

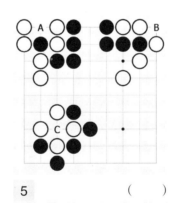

5 （　　）

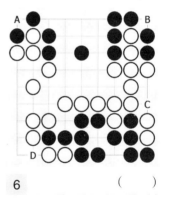

6 （　　）

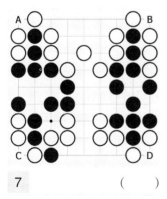

7 （　　）

扫码看答案　　扫码看题

十 第二单元复习

1.综合练习

标记出黑棋的虎口。

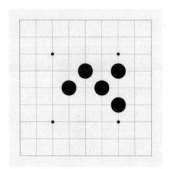

1

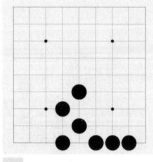

2

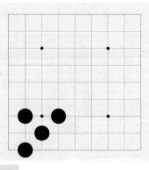

3

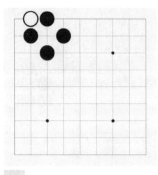

4

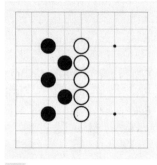

5

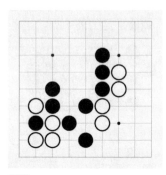

6

黑找出黑棋的禁入点。

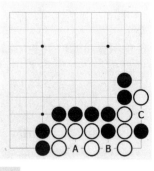

1　　　　　（　　　）

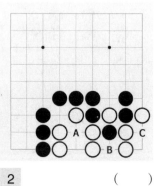

2　　　　　（　　　）

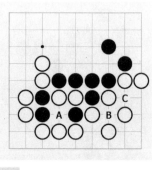

3　　　　　（　　　）

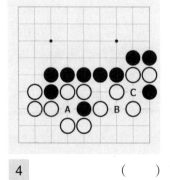

4　　　（　　　）

扫码看答案　　扫码看题

2.综合练习

标记处是打劫还是打二还一？打劫○，打二还一×。

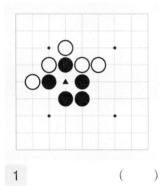

1 　　　　　（ 　 ）

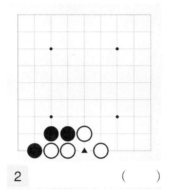

2 　　　　　（ 　 ）

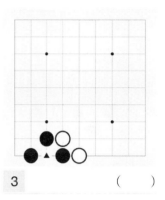

3 　　　　　（ 　 ）

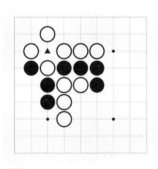

4 　　　　　（ 　 ）

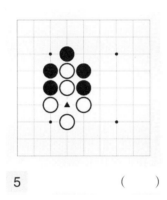

5 　　　　　（ 　 ）

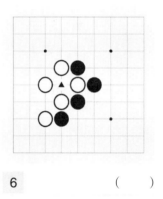

6 　　　　　（ 　 ）

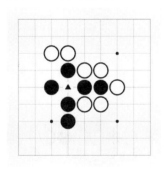

7 　　　　　（ 　 ）

扫码看答案　　扫码看题

找出黑棋的禁入点。

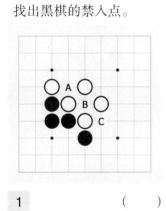

1 　　　　　（ 　 ）

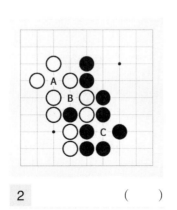

2 　　　　　（ 　 ）

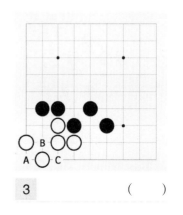

3 　　　　　（ 　 ）

3.实战运用

标记出双方所有的虎口。

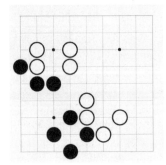

1

2

标记出双方所有的禁入点。

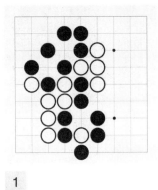

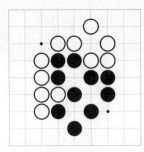

扫码看答案　扫码看题

1

2

标记出所有的打劫。

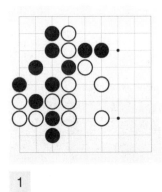

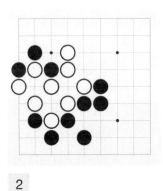

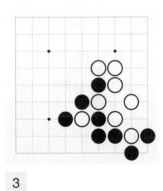

1

2

3

标记处是不是打二还一？是√,不是×。

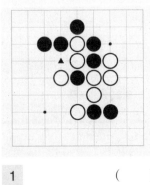

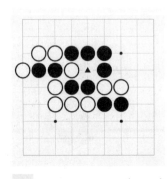

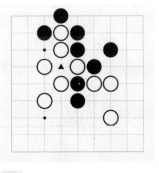

1　　　（　　）　　2　　　（　　）　　3　　　（　　）

十一　连接

1.连接判断

标记的黑子连成一块棋了吗？连接√,没连接×。

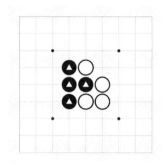

1　　　　（　　）

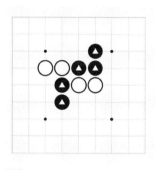

2　　　　（　　）

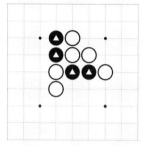

3　　　　（　　）

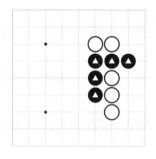

4　　　　（　　）

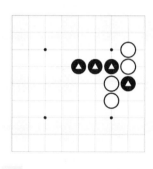

5　　　　（　　）

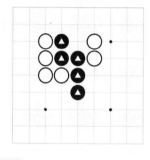

6　　　　（　　）

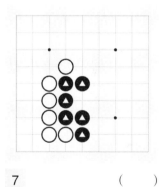

7　　　　（　　）

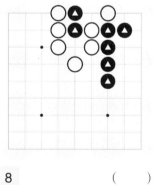

8　　　　（　　）

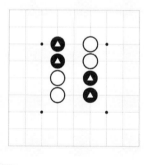

9　　　　（　　）

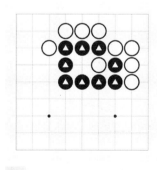

10　　　　（　　）

扫码看答案　　扫码看题　　扫码看视频

2.连接过程

黑先,将标记的黑子连接到一起。

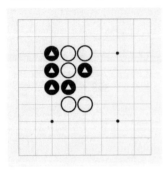

1

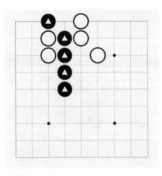

2

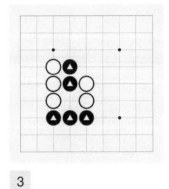

3

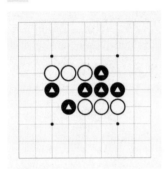

4

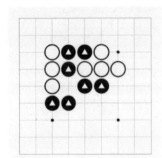

5

黑先,连接自己的棋子。

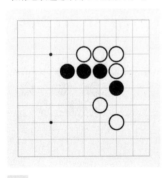

1

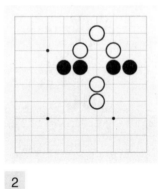

2

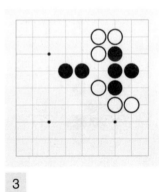

3

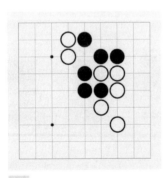

4

5

扫码看答案　扫码看题　扫码看视频

3.常型(尖双虎)连接判断

标记的黑子连成一块棋了吗？连接√,没连接×。

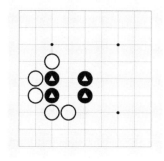

1 　　　（　　）

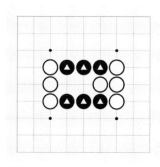

2 　　　（　　）

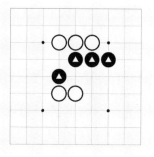

3 　　　（　　）

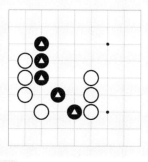

4 　　　（　　）

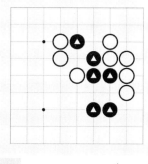

5 　　　（　　）

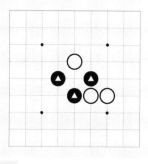

6 　　　（　　）

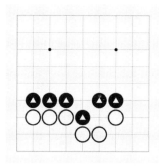

7 　　　（　　）

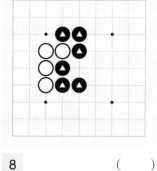

8 　　　（　　）

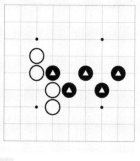

9 　　　（　　）

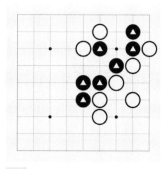

10 　　　（　　）

扫码看答案　　扫码看题　　扫码看视频

3.还原连接常型

帮黑棋选择正确的连接方法。

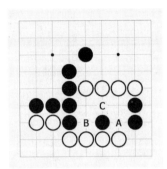

1 （　）

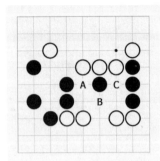

2 （　）

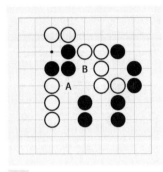

3 （　）

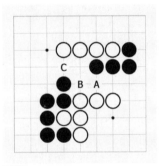

4 （　）

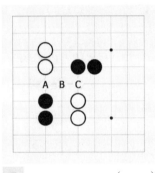

5 （　）

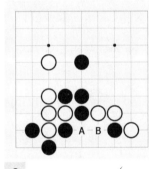

6 （　）

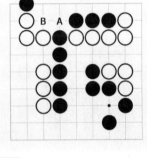

7 （　）

8 （　）

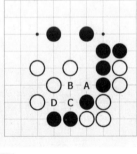

9 （　）

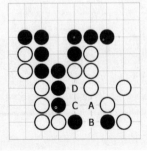

10 （　）

扫码看答案　　扫码看题　　扫码看视频

5.渡过

帮黑棋选择正确的渡过方法。

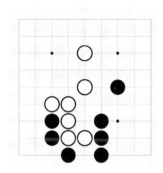

1

2

3

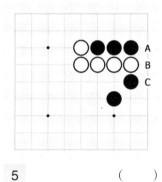

4 （　）

5 （　）

6 （　）

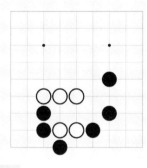

7

8 （　）

9 （　）

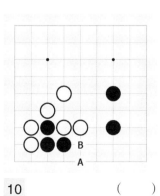

10 （　）

扫码看答案　扫码看题　扫码看视频

6.实战运用1

标记的黑子连成一块棋了吗？连接√,没连接×。

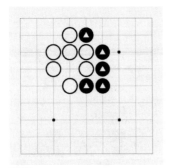

1　　　　（　　）

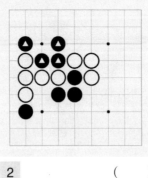

2　　　　（　　）

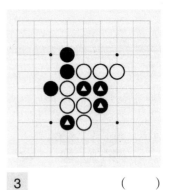

3　　　　（　　）

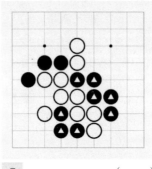

4　　　　（　　）

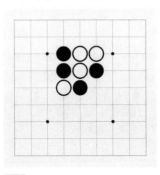

5　　　　（　　）

黑先,将黑子连接到一起。

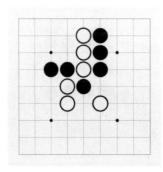

1

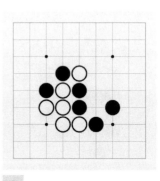

2

3

4

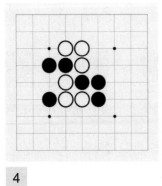

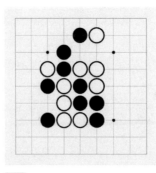

5

扫码看答案

扫码看题

扫码看视频

7.实战运用2

黑先,将黑子连接到一起。

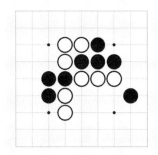

1

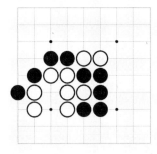

2

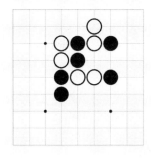

3

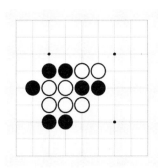

4

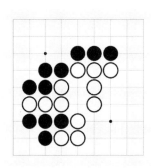

5

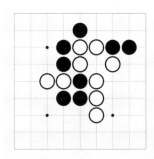

6

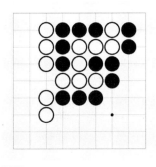

7

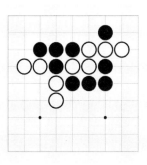

8

9

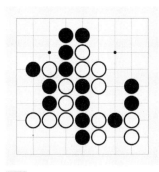

10

扫码看答案

扫码看题

扫码看视频

計算力腾飞之路 ❶

8.深度拓展

黑棋连成一块棋了吗？连接√,没连接×。

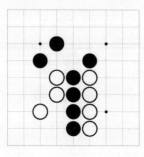

1 　　　（　　）

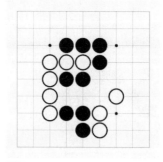

2 　　　（　　）

帮助黑棋选择正确的连接方法。

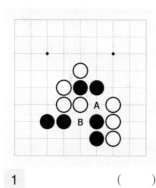

1 　　　（　　）

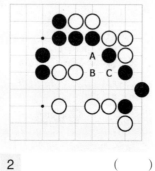

2 　　　（　　）

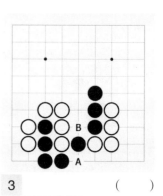

3 　　　（　　）

黑先,连接自己的棋子。

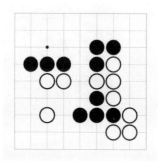

2

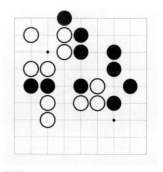

3

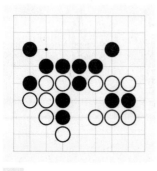

4

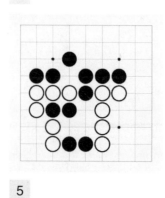

5

扫码看答案

扫码看题

048

十二　分断

1.分断选择与过程

哪里能分断白棋?

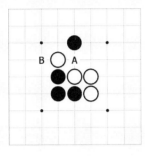

1　　　　（　）

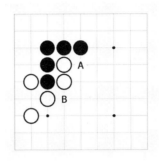

2　　　　（　）

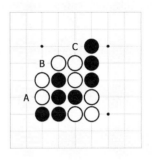

3　　　　（　）

黑先,分断白棋 。

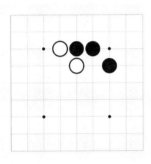

1

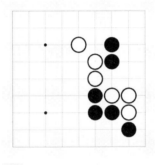

2

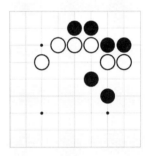

3

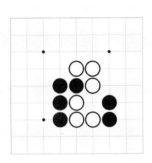

4

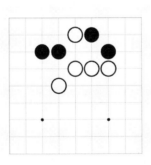

5

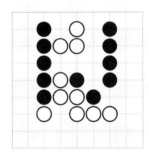

6

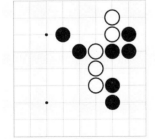

7

扫码看答案

扫码看题

扫码看视频

2.标记断点

标记出白棋所有的断点。

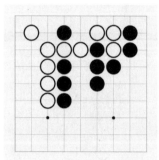

1

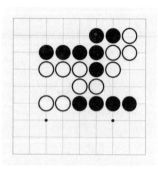

2

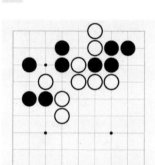

3

4

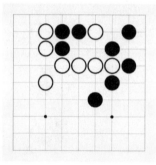

5

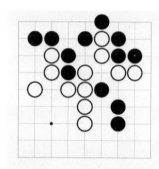

6

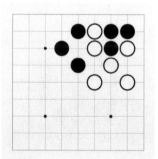

7

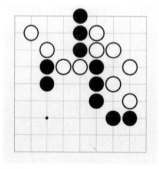

8

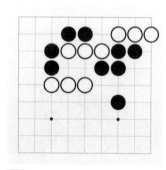

9

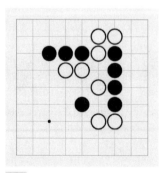

10

扫码看答案

扫码看题

扫码看视频

2.标记断点

3.阻渡

黑先,如何阻止白棋渡过?

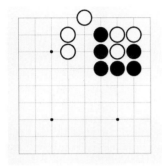

1

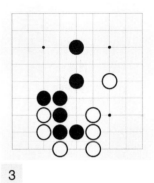

2

3

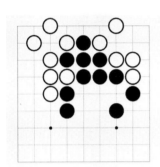

4

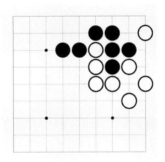

5

6

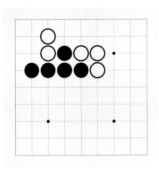

7

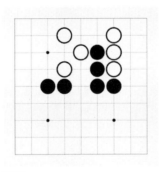

8

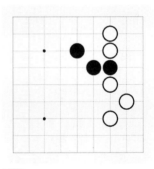

9

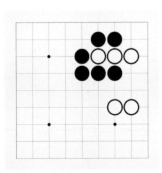

10

扫码看答案　　扫码看题　　扫码看视频

4.实战运用

哪里能分断白棋?

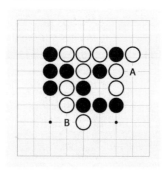

1　　　　　（　　）

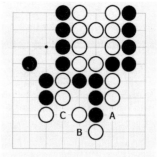

2　　　　　（　　）

3　　　　　（　　）

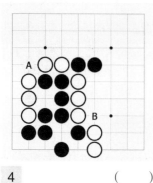

4　　　　　（　　）

5　　　　　（　　）

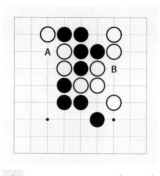

6　　　　　（　　）

黑先,分断白棋。

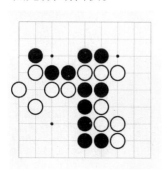

1

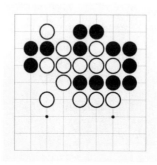

2

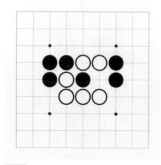

3

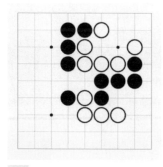

4

扫码看答案　　扫码看题　　扫码看视频

5.深度拓展

哪里能分断白棋?

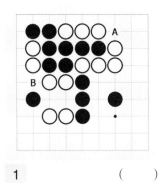

1　　　　　　( )

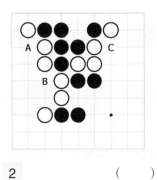

2　　　　　　( )

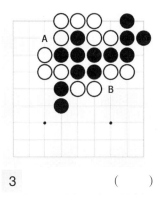

3　　　　　　( )

标记出双方所有的断点。

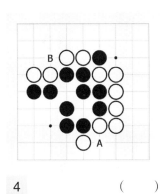

4　　　　　　( )

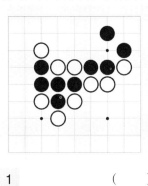

1　　　　　　( )

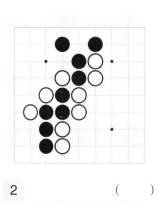

2　　　　　　( )

黑先,分断白棋。

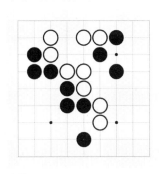

1

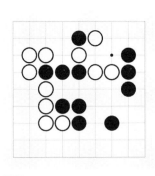

2

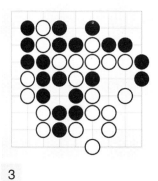

3

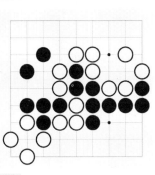

4

扫码看答案　　　扫码看题

十三　断打

1.选择断打

帮黑棋选择断打。

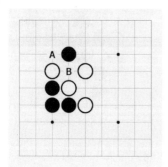

1　　　　（　　）

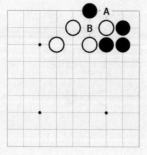

2　　　　（　　）

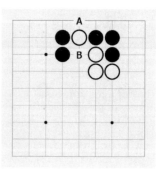

3　　　　（　　）

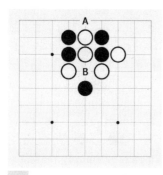

4　　　　（　　）

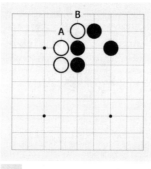

5　　　　（　　）

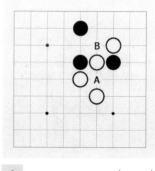

6　　　　（　　）

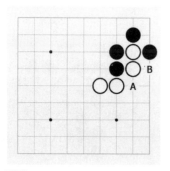

7　　　　（　　）

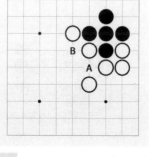

8　　　　（　　）

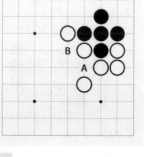

9　　　　（　　）

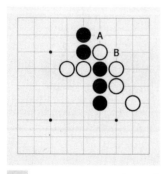

10　　　　（　　）

扫码看答案

扫码看题

扫码看视频

2.寻找断打

黑先,走出断打。

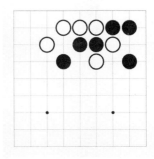

1

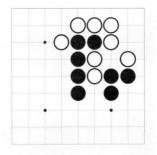

2

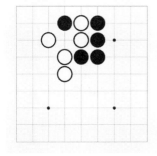

3

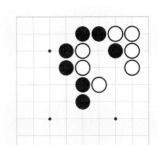

4

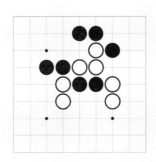

5

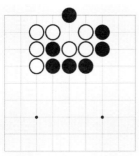

6

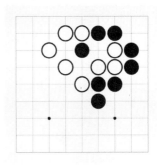

7

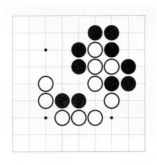

8

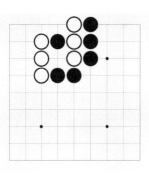

9

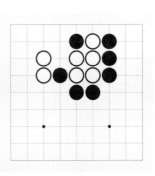

10

扫码看答案

扫码看题

扫码看视频

3.实战运用

黑先,走出断打。

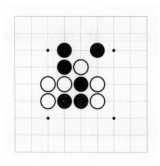

1

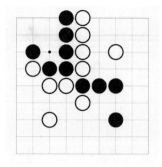

2

3

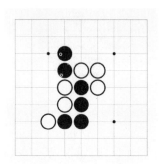

4

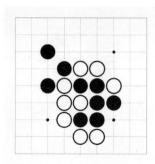

5

6

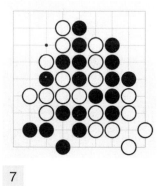

7

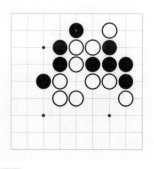

8

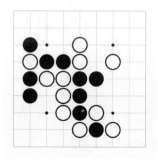

9

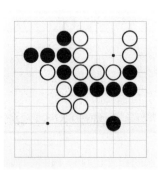

10

扫码看答案

扫码看题

扫码看视频

计算力腾飞之路 ❶

4.深度拓展

黑先,走出断打。

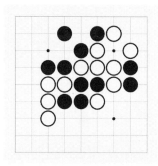

1

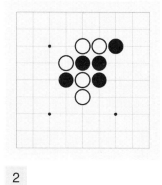

2

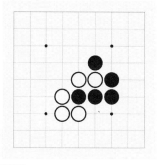

3

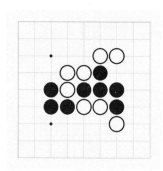

4

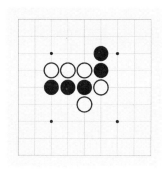

5

标记出双方所有的断打。

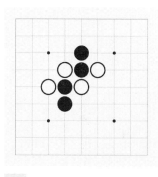

1

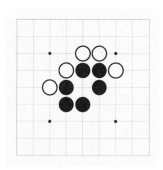

2

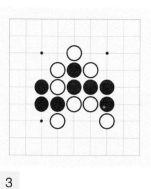

3

4

扫码看答案　　扫码看题

5

十四 互相打吃

1. 互相打吃处理

黑先, 互相打吃该如何处理?

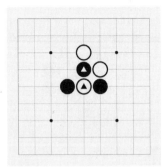

1

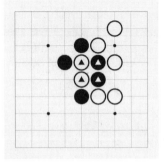

2

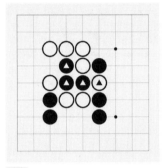

3

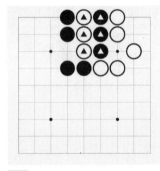

4

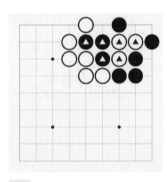

5

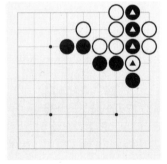

6

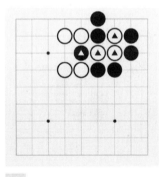

7

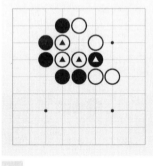

8

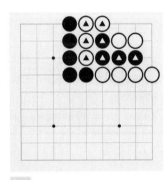

9

10

扫码看答案　　扫码看题　　扫码看视频

2.寻找目标

黑先,处理互相打吃。

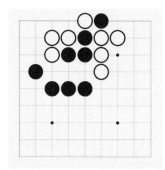

1

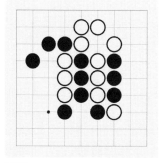

2

3

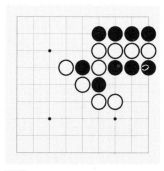

4

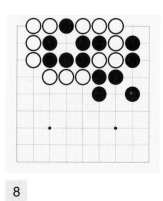

5

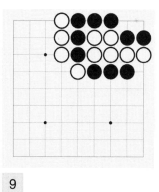

6

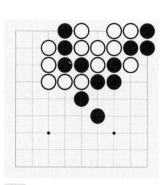

7

8

9

10

3.实战运用

黑先,处理互相打吃。

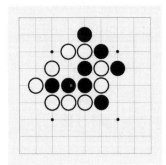

1

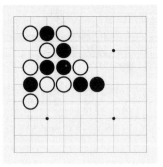

2

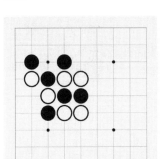

3

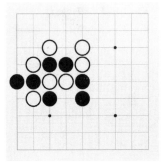

4

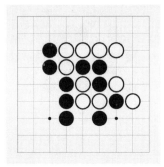

5

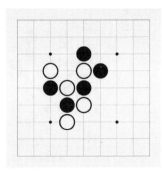

6

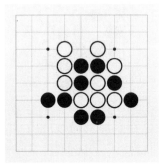

7

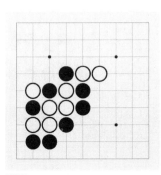

8

9

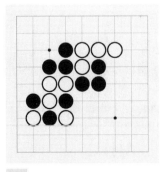

10

扫码看答案

扫码看题

扫码看视频

4.深度拓展

黑先,处理互相打吃。

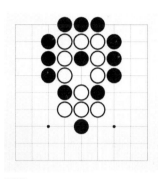

1

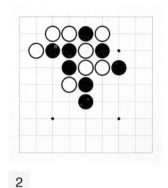

2

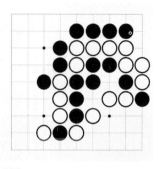

3

黑先,仔细观察,选择正确的提子。

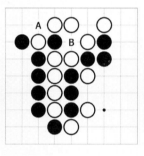

1　　　　　（　　）

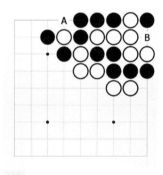

2　　　　　（　　）

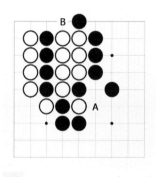

3　　　　　（　　）

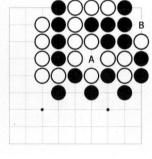

4　　　　　（　　）

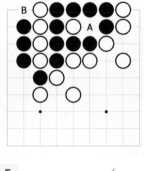

5　　　　　（　　）

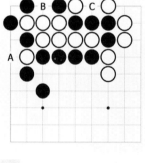

6　　　　　（　　）

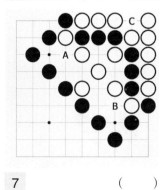

7　　　　　（　　）

扫码看答案　　扫码看题

十五　第三单元复习

黑先,连接自己的棋子。

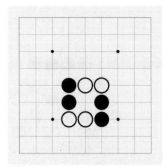

1

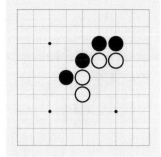

2

黑先,分断白棋。

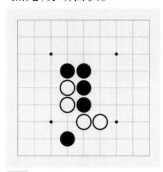

1

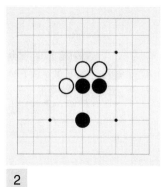

2

扫码看答案

扫码看题

黑先,走出断打。

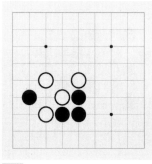

1

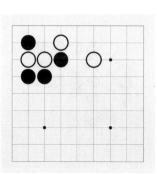

2

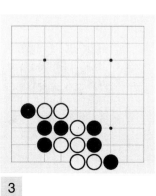

3

黑先,处理互相打吃。

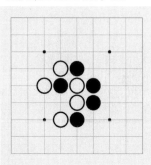

1

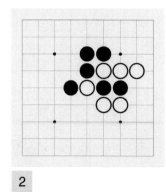

2

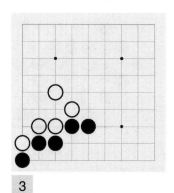

3

2.综合练习2

黑先,连接自己的棋子。

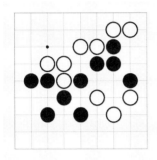

1

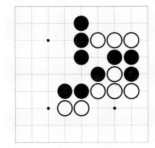

2

黑先,分断白棋。

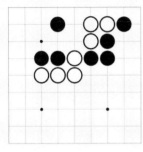

1

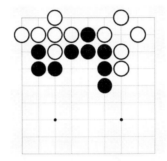

2

扫码看答案　　扫码看题

黑先,走出断打。

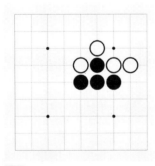

1

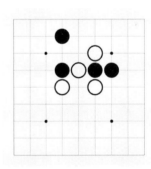

2　　　3

黑先,处理互相打吃。

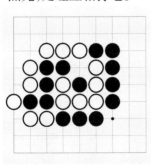

1

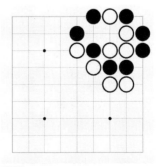

2　　　3

3.实战运用

黑先,将黑子连接到一起。

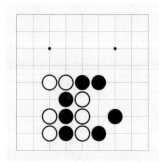

1

2

黑先,分断白棋。

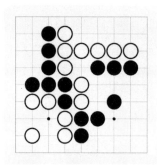

1

2

3

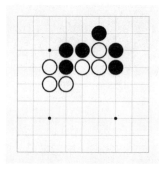

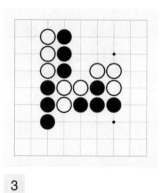

4

5

扫码看答案

扫码看题

黑先,处理互相打吃。

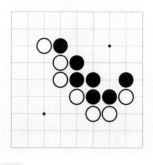

1

2

3

十六　双打吃

1.双打吃判断与过程

黑先,走出双打吃。

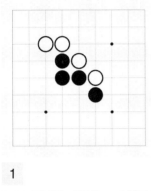

1

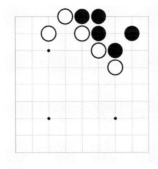

2

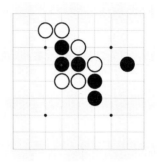

3

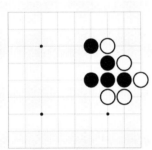

4

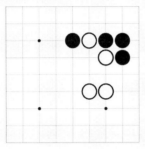

5

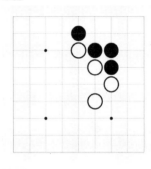

6

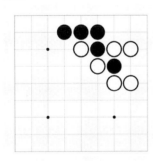

7

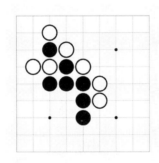

8

扫码看答案　　扫码看题　　扫码看视频

标记的这手棋,是双打吃吗? 是√,不是×。

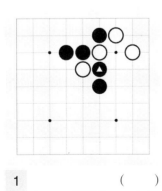

1　　　(　　)

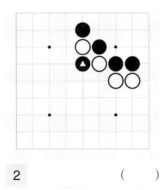

2　　　(　　)

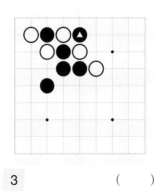

3　　　(　　)

2.多子双打吃

黑先,双打吃白棋。

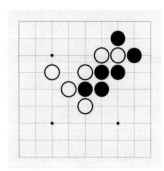

1

2

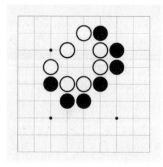

3

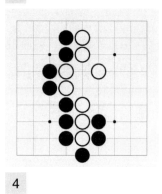

4

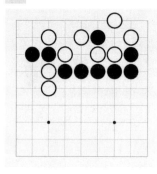

5

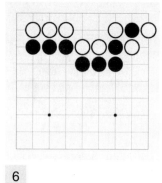

6

帮黑棋选择双打吃。

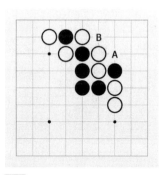

1　　　　　（　　）

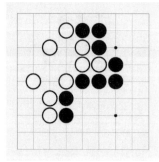

2　　　　　（　　）

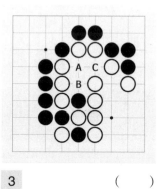

3　　　　　（　　）

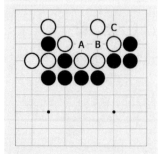

4　　　　　（　　）

扫码看答案　　扫码看题　　扫码看视频

3.实战运用

黑先,双打吃白棋。

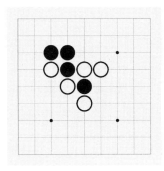

1

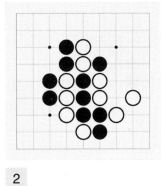

2

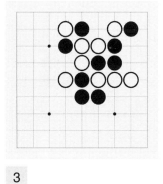

3

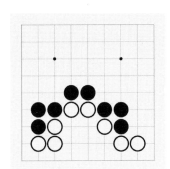

4

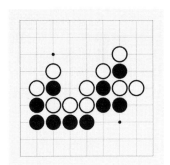

5

白先,双打吃黑棋。

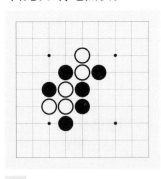

1

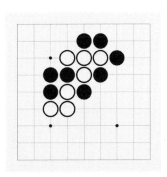

2

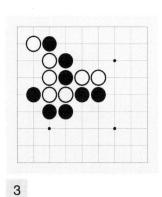

3

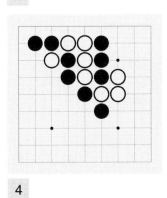

4

扫码看答案　　扫码看题　　扫码看视频

4.深度拓展

标记出所有黑可以双打吃的点。

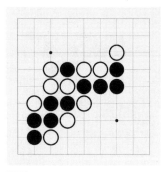

1

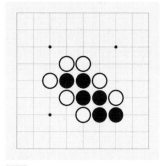

2

3

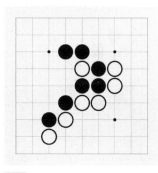

4

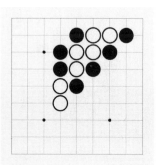

5

标记出所有白可以双打吃的点。

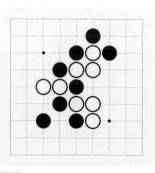

1

2

3

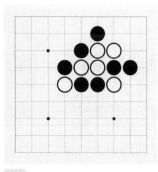

4

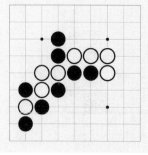

5

扫码看答案

扫码看题

十七　门吃

1.门吃选择与判断

黑先,门吃白棋。

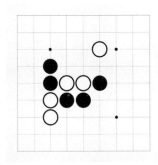

1

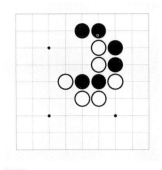

2

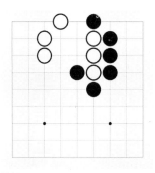

3

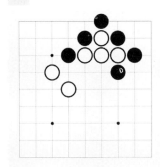

4

扫码看答案　　扫码看题　　扫码看视频

白棋被门吃了吗? 是√,不是×。

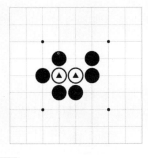

1　　　　　(　　)

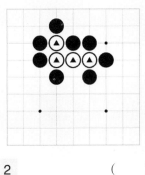

2　　　　　(　　)

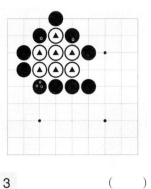

3　　　　　(　　)

帮黑棋选择门吃。

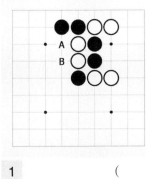

1　　　　　(　　)

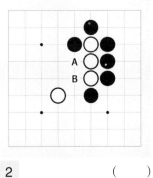

2　　　　　(　　)

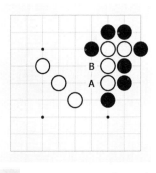

3　　　　　(　　)

2.周边有子的关门吃

黑先，门吃白棋。

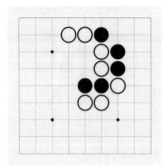

1

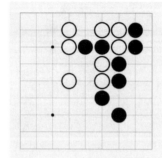

2

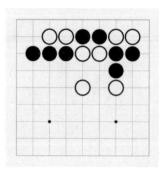

3

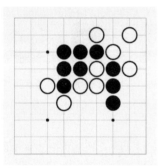

4

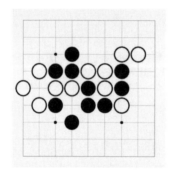

5

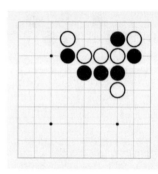

6

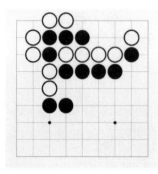

7

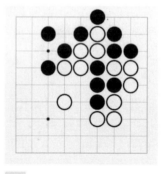

8

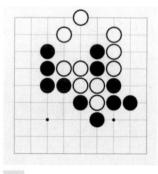

9

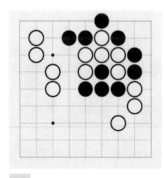

10

扫码看答案　　　扫码看题　　　扫码看视频

3.实战运用

黑先,门吃白棋 。

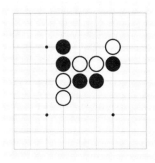

1

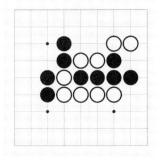

2

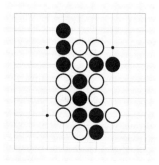

3

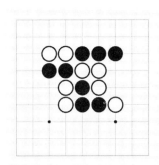

4

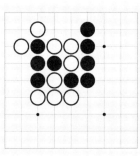

5

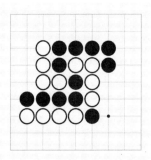

6

白先,门吃黑棋 。

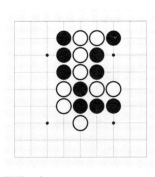

1

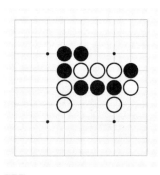

2

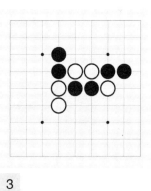

3

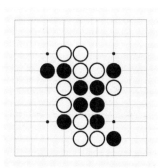

4

4.深度拓展

黑先,门吃白棋。

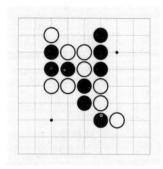

1

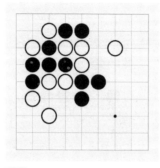

2

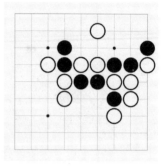

3

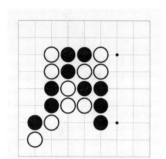

4

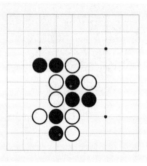

5

如何走出门吃的棋形?

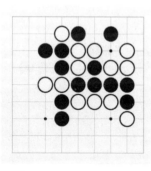

1

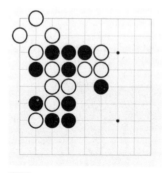

2

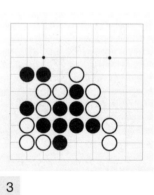

3

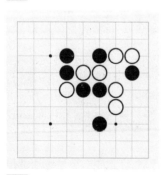

4

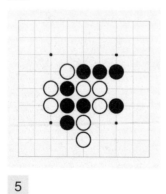

5

扫码看答案　　扫码看题

十八　抱吃

1.抱吃方向选择

帮黑棋选择正确的抱吃方向。

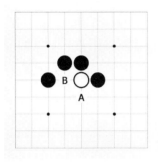

1 　　　　（　）

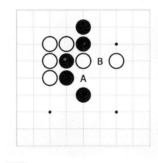

2 　　　　（　）

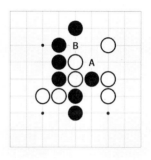

3 　　　　（　）

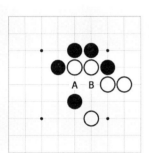

4 　　　　（　）

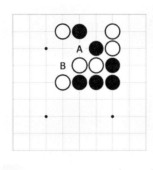

5 　　　　（　）

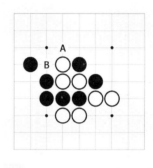

6 　　　　（　）

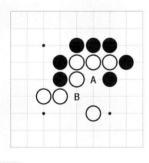

7 　　　　（　）

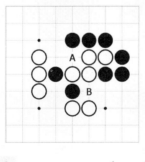

8 　　　　（　）

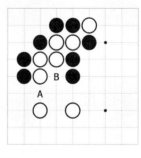

9 　　　　（　）

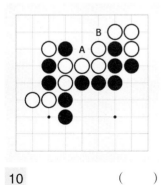

10 　　　　（　）

扫码看答案　　扫码看题　　扫码看视频

2.抱吃过程

黑先,抱吃白棋。

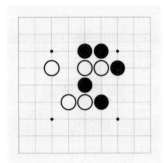

1

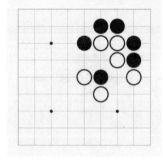

2

3

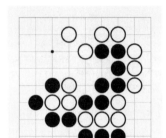

4

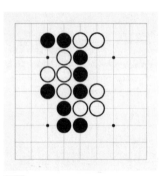

5

6

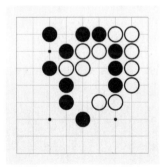

7

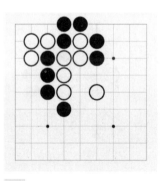

8

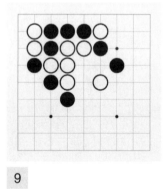

9

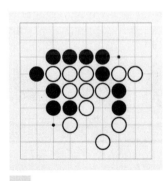

10

扫码看答案

扫码看题

扫码看视频

3.实战运用

黑先,抱吃白棋。

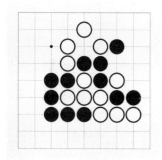

1

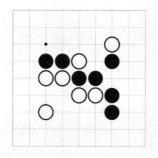

2

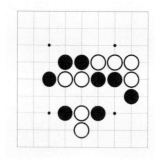

3

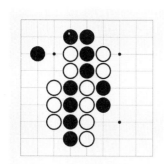

4

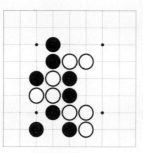

5

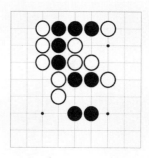

6

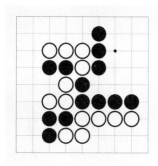

7

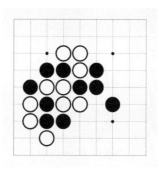

8

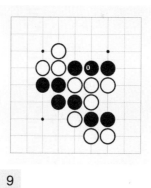

9

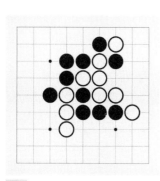

10

扫码看答案

扫码看题

扫码看视频

4.深度拓展

黑先,抱吃白棋。

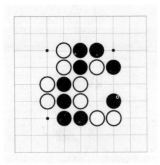

1

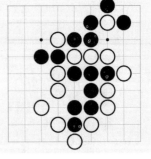

2

3

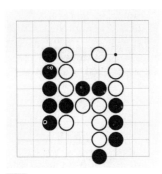

4

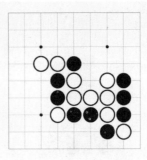

5

黑先,吃掉标记的白棋。

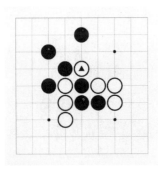

1

2

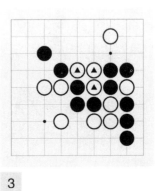

3

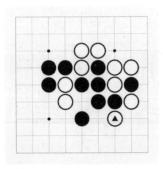

4

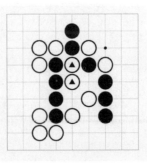

5

扫码看答案　　扫码看题

十九　吃一线子

1.沿一线打吃

帮黑棋选择正确的打吃方向。

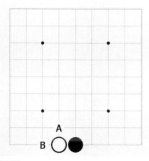

1　　　　（　　）

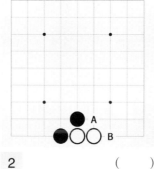

2　　　　（　　）

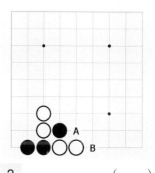

3　　　　（　　）

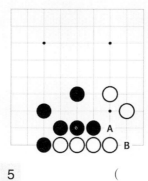

4　　　　（　　）

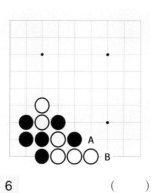

5　　　　（　　）

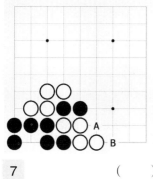

6　　　　（　　）

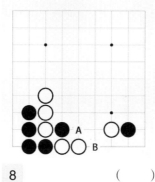

7　　　　（　　）

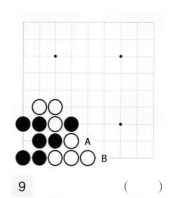

8　　　　（　　）

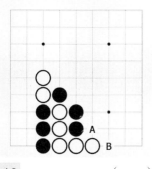

9　　　　（　　）

扫码看答案　　扫码看题　　扫码看视频

10　　　　（　　）

2.分断方向

帮黑棋选择正确的打吃方向。

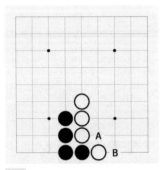

1 　　　　　（　　）

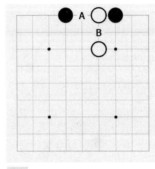

2 　　　　　（　　）

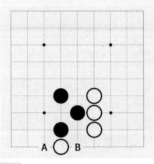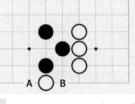

3 　　　　　（　　）

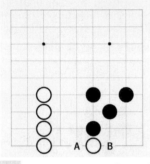

4 　　　　　（　　）

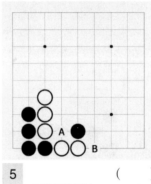

5 　　　　　（　　）

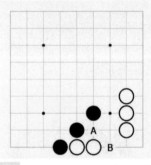

6 　　　　　（　　）

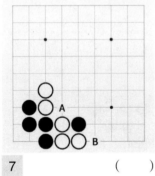

7 　　　　　（　　）

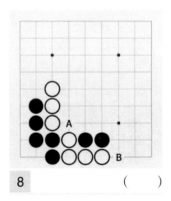

8 　　　　　（　　）

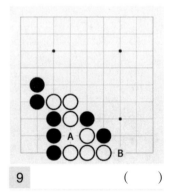

9 　　　　　（　　）

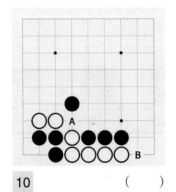

10 　　　　　（　　）

扫码看答案

扫码看题

扫码看视频

3.吃子过程

黑先,写出吃一路白子的过程。

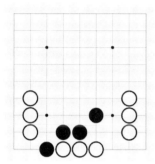

1

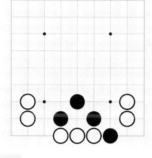

2

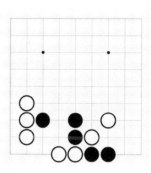

3

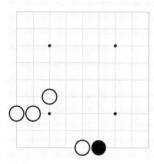

4

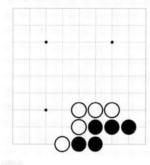

5

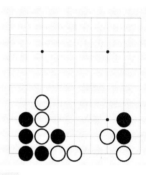

6

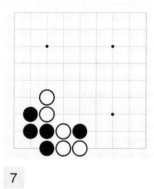

7

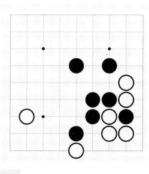

8

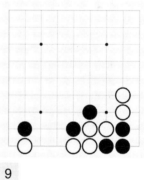

9

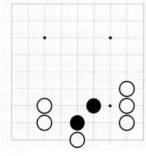

10

扫码看答案　　扫码看题　　扫码看视频

4.实战运用

黑先,写出吃一路白子的过程,不少于3手。

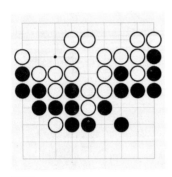

1

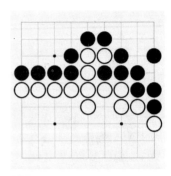

2

3

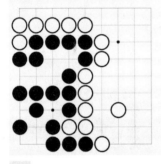

4

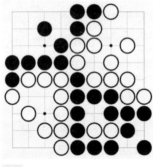

5

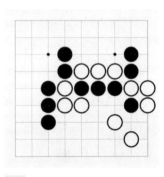

6

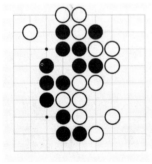

7

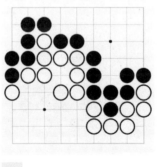

8

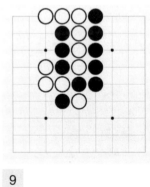

9

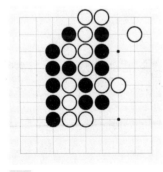

10

扫码看答案

扫码看题

扫码看视频

5.深度拓展

黑先,吃掉标记的白子。

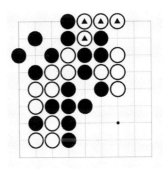

1

2

3

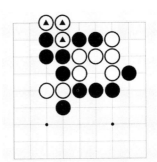

4

5

6

7

8

9

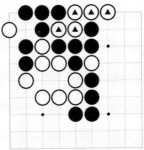

10

二十 吃二线子

1.向边线打吃

帮黑棋选择正确的打吃方向。

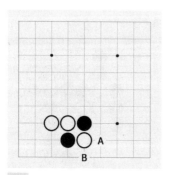

1 　　　　　（　　）

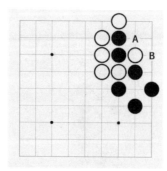

2 　　　　　（　　）

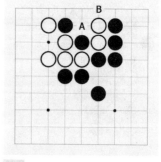

3 　　　　　（　　）

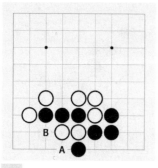

4 　　　　　（　　）

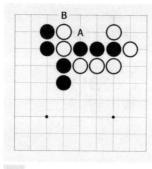

5 　　　　　（　　）

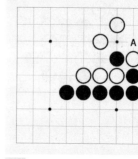

6 　　　　　（　　）

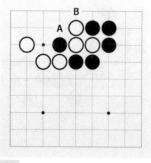

7 　　　　　（　　）

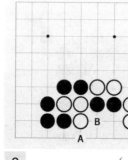

8 　　　　　（　　）

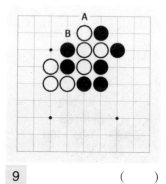

9 　　　　　（　　）

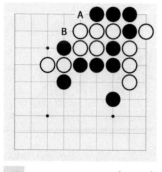

10 　　　　　（　　）

扫码看答案

扫码看题

扫码看视频

2.二线断打

帮黑棋选择正确的打吃方向。

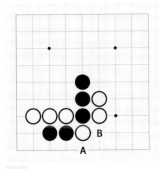

1 （　　）

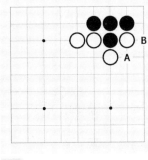

2 （　　）

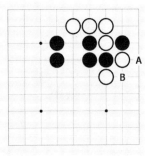

3 （　　）

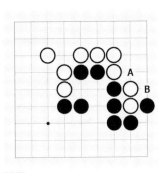

4 （　　）

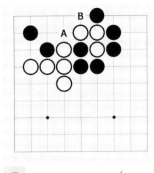

5 （　　）

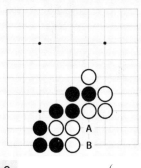

6 （　　）

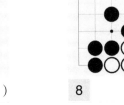

7 （　　）

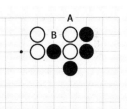

8 （　　）

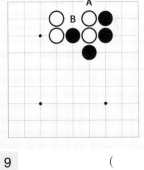

9 （　　）

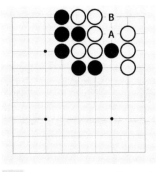

10 （　　）

 扫码看答案
 扫码看题
 扫码看视频

3.吃二线子过程

黑先,写出吃二线白子的过程,不少于3手。

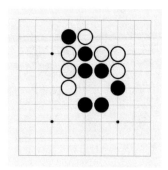

1

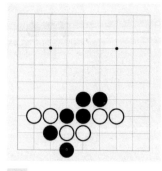

2

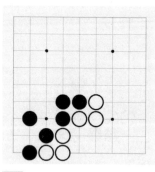

3

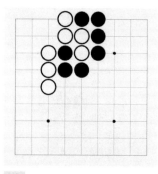

4

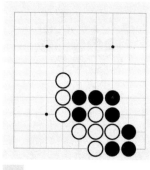

5

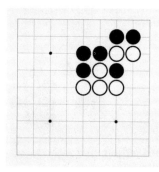

6

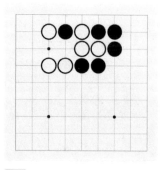

7

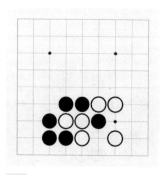

8

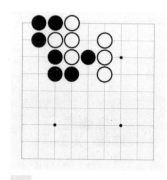

9

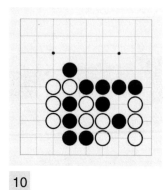

10

扫码看答案

扫码看题

扫码看视频

4.实战运用

黑先,写出吃二线白子的过程,不少于3手。

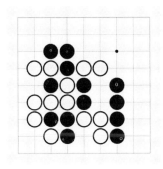

1

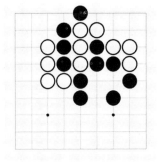

3

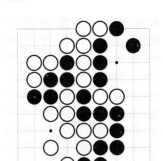

4

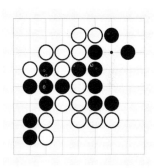

5

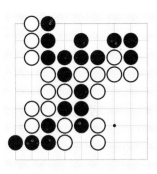

6

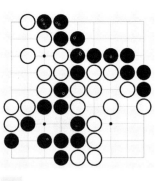

7

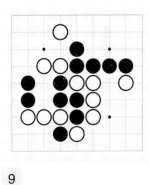

8

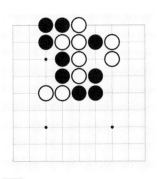

9

10

扫码看答案　　扫码看题　　扫码看视频

5.深度拓展

黑先,写出吃掉标注白子的过程,不少于5手。

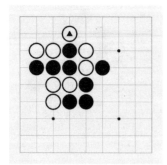

1

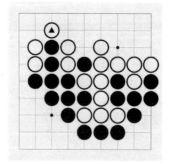

2

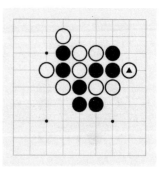

3

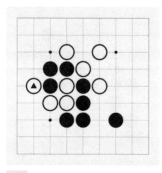

4

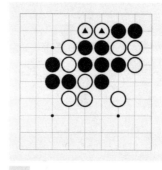

5

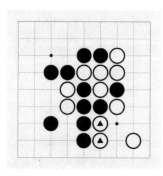

6

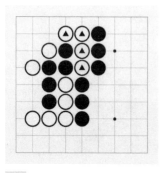

7

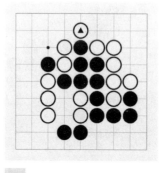

8

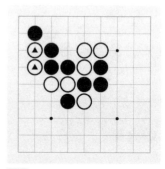

9

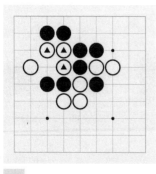

10

扫码看答案

扫码看题

二十一　枷吃

1.枷吃选点

帮黑棋选择正确的枷吃。

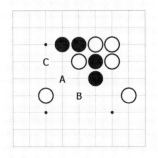

1　　　（　）

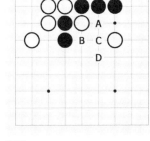

2　　　（　）

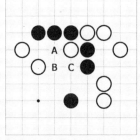

3　　　（　）

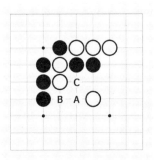

4　　　（　）

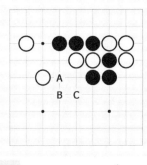

5　　　（　）

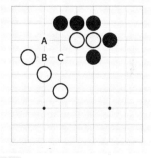

6　　　（　）

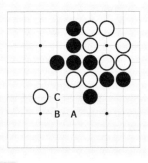

7　　　（　）

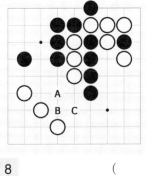

8　　　（　）

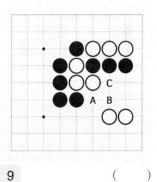

9　　　（　）

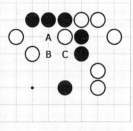

10　　　（　）

 扫码看答案　 扫码看题　 扫码看视频

2.枷吃判断

黑棋枷吃住白棋了吗？是√,不是×。

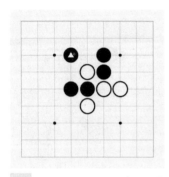

1　　　　（　）

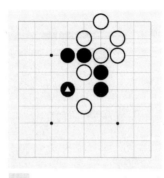

2　　　　（　）

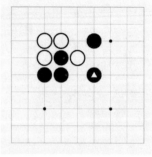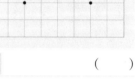

3　　　　（　）

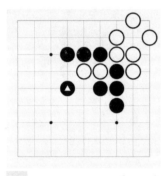

4　　　　（　）

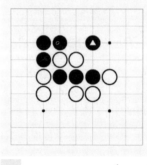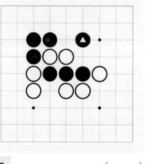

5　　　　（　）

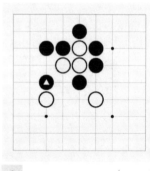

6　　　　（　）

7　　　　（　）

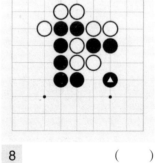

8　　　　（　）

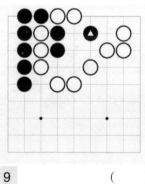

9　　　　（　）

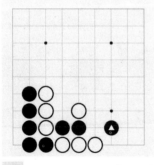

10　　　　（　）

扫码看答案

扫码看题

扫码看视频

3.两气枷吃过程

黑先,写出枷吃白棋的过程,不少于3手。

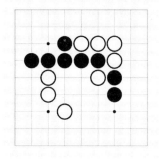

1

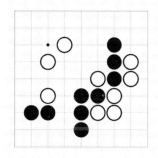

2

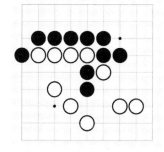

3

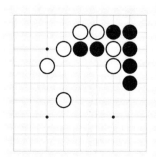

4

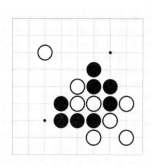

5

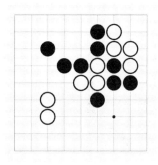

6

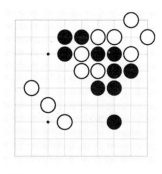

7

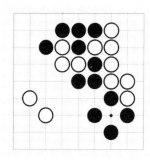

8

9

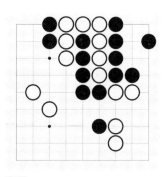

10

扫码看答案　　扫码看题　　扫码看视频

4.边线枷吃过程

黑先,写出枷吃白棋的过程,不少于3手。

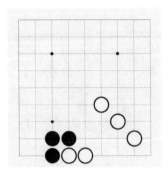

1

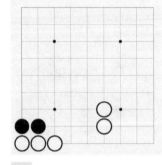

2

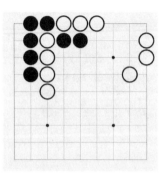

3

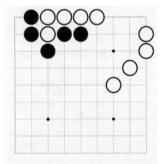

4

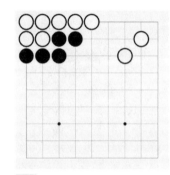

5

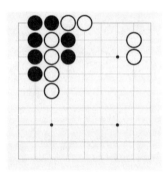

6

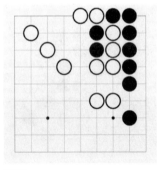

7

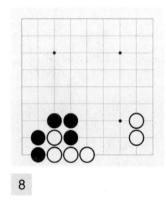

8

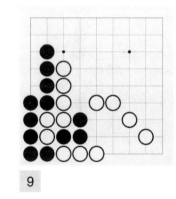

9

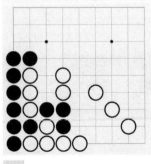

10

扫码看答案

扫码看题

扫码看视频

5.三气枷吃判断

黑棋枷吃住白棋了吗？是√,不是×。

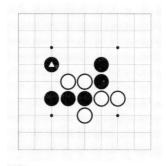

1 　　　　　（　　）

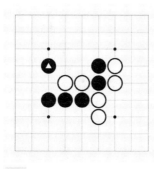

2 　　　　　（　　）

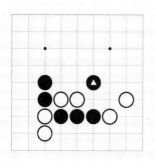

3 　　　　　（　　）

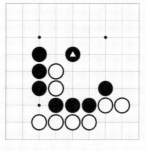

4 　　　　　（　　）

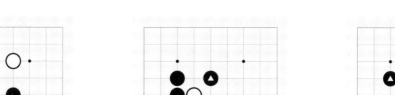

5 　　　　　（　　）

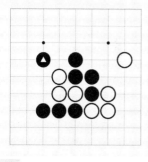

6 　　　　　（　　）

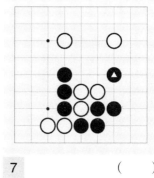

7 　　　　　（　　）

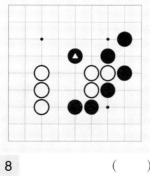

8 　　　　　（　　）

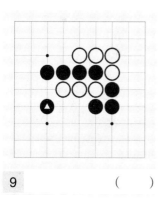

9 　　　　　（　　）

10 　　　　　（　　）

扫码看答案

扫码看题

扫码看视频

6.三气枷吃过程

黑先,写出枷吃白棋的过程,不少于5手。

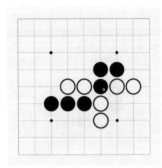

1

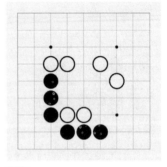

2

3

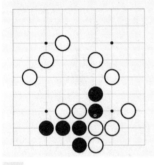

4

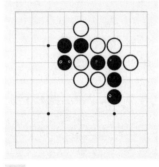

5

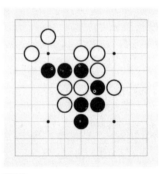

6

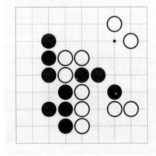

7

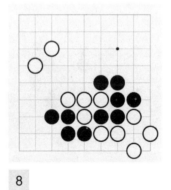

8

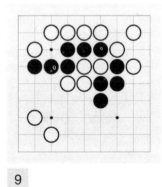

9

10

扫码看答案　　扫码看题　　扫码看视频

7.实战运用1

黑先,写出枷吃白棋的过程,不少于3手。

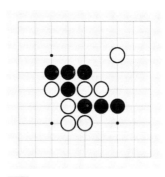

1

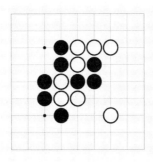

2

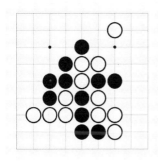

3

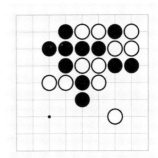

4

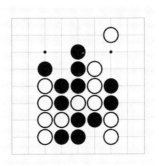

5

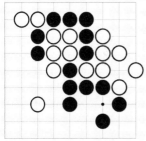

6

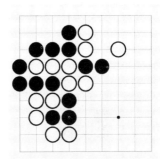

7

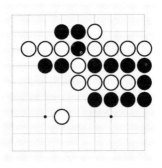

8

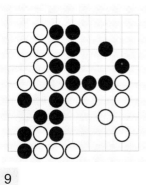

9

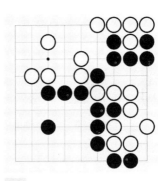

10

扫码看答案

扫码看题

扫码看视频

8.实战运用2

黑先,写出枷吃白棋的过程,不少于3手。

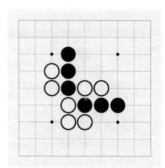
1

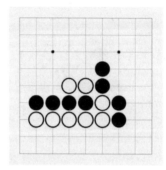
2

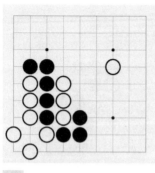
3

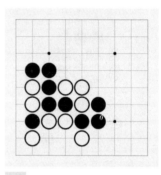
4

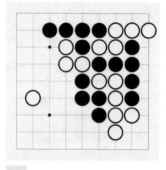
5

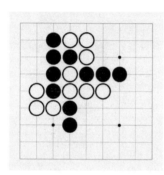
6

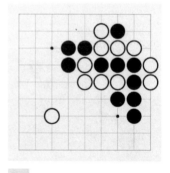
7

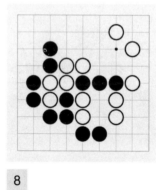
8

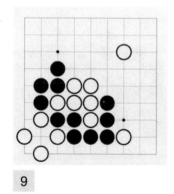
9

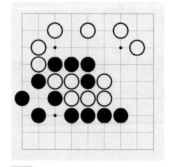
10

扫码看答案　　扫码看题　　扫码看视频

9.深度拓展

黑先,写出吃掉标记白子的过程,不少于5手。

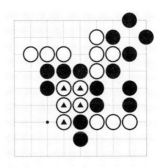

1

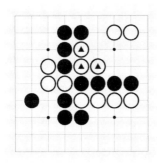

2

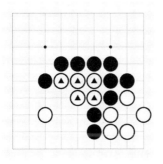

3

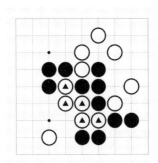

4

5

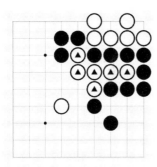

6

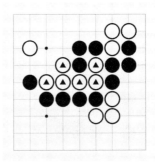

7

8

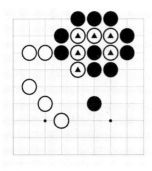

9

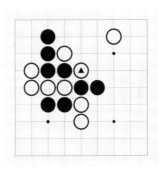

10

扫码看答案　　扫码看题

二十二　第四单元复习

1.综合练习1

黑先,写出吃掉白棋的过程,不少于3手。

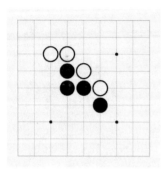

1

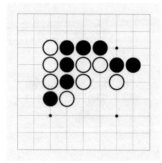

2

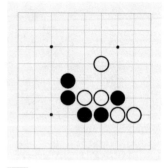

3

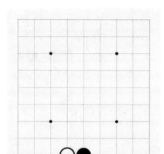

4

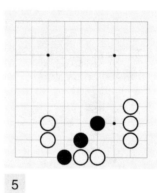

5

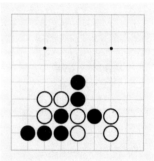

6

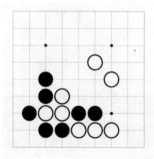

7

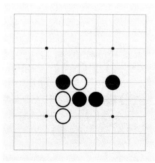

8

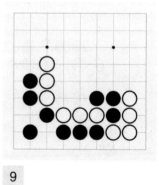

9

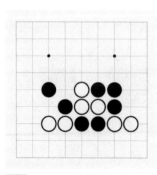

10

扫码看答案

扫码看题

1.综合练习2

黑先,写出吃掉白棋的过程,不少于3手。

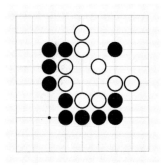

1

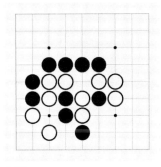

2

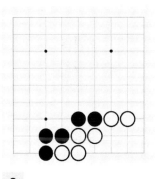

3

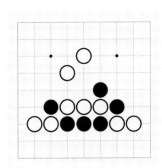

4

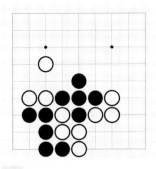

5

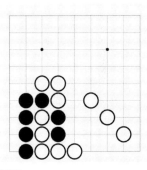

6

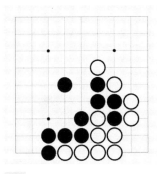

7

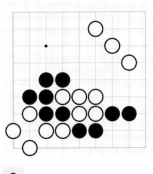

8

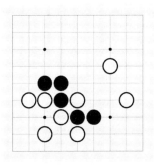

9

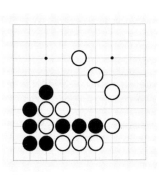

10

扫码看答案　　　扫码看题

3.实战运用

黑先,写出吃掉白棋的过程,不少于3手。

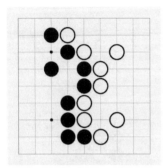

1

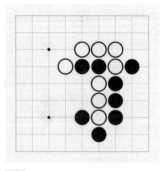

2

3

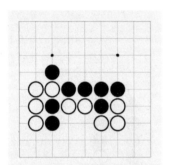

4

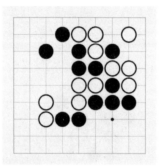

5

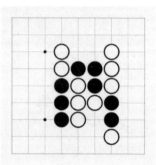

6

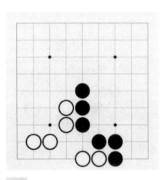

7

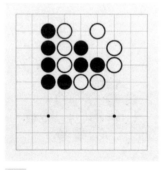

8

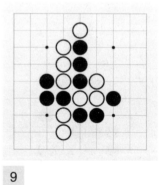

9

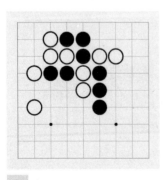

10

扫码看答案

扫码看题

二十三　征吃

1.征吃中打的方向

帮黑棋选择正确的征吃方向。

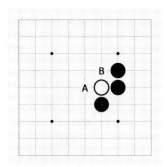

1　　　　　（　）

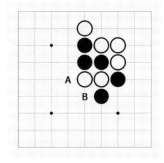

2　　　　　（　）

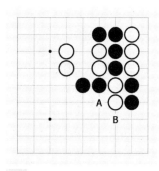

3　　　　　（　）

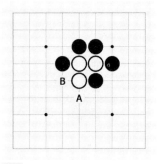

4　　　　　（　）

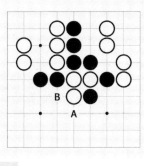

5　　　　　（　）

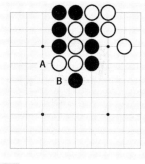

6　　　　　（　）

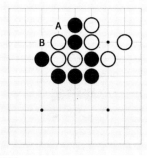

7　　　　　（　）

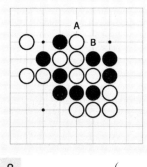

8　　　　　（　）

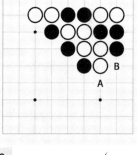

9　　　　　（　）

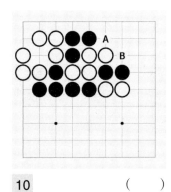

10　　　　　（　）

扫码看答案　　扫码看题　　扫码看视频

2.边路征吃过程

黑先,写出征吃白棋的过程,不少于5步。

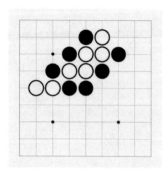

1

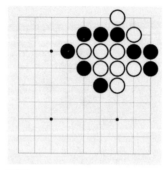

2

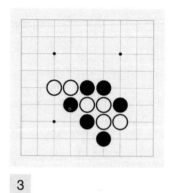

3

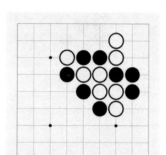

4

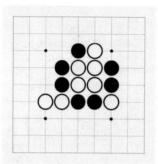

5

6

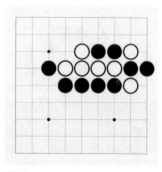

7

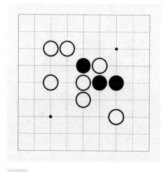

8

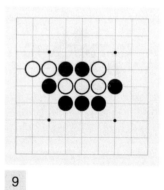

9

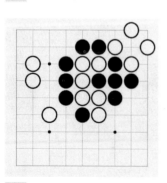

10

扫码看答案

扫码看题

扫码看视频

3.长征吃

黑先,写出征吃白棋的过程,不少于9步。

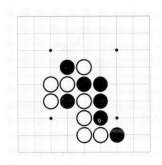

1

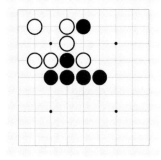

3

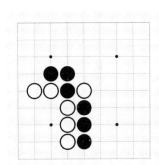

4

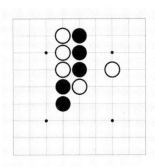

5

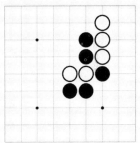

6

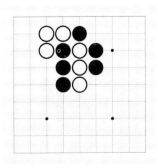

7

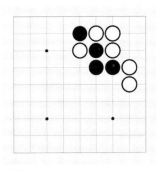

8

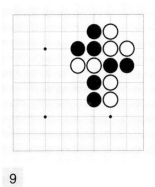

9

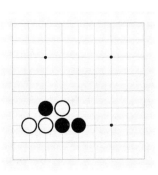

10

扫码看答案　　扫码看题　　扫码看视频

4.引征影响

黑能征吃掉白棋吗？能√,不能×。

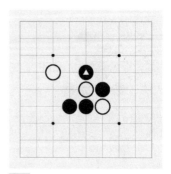

1　　　　　（　　）

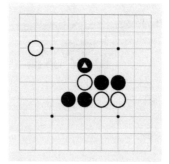

2　　　　　（　　）

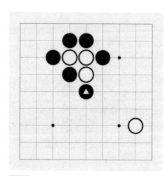

3　　　　　（　　）

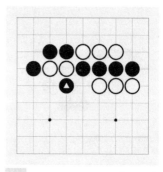

4　　　　　（　　）

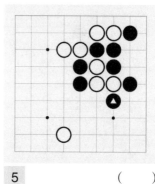

5　　　　　（　　）

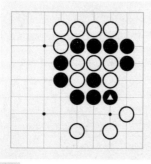

6　　　　　（　　）

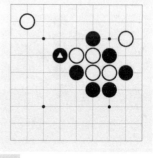

7　　　　　（　　）

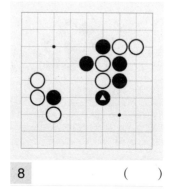

8　　　　　（　　）

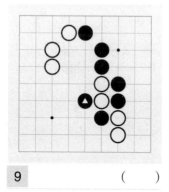

9　　　　　（　　）

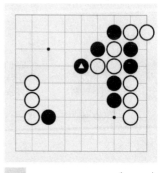

10　　　　　（　　）

扫码看答案

扫码看题

扫码看视频

5.避开引征子力的征吃

帮黑棋选择正确的征吃方向。

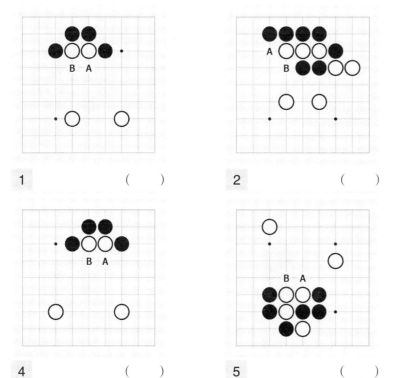

1 　　　　　（　　）　　　2　　　　　　（　　）　　　3　　　　　　（　　）

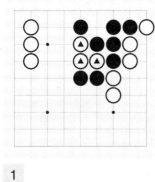

4 　　　　　（　　）　　　5　　　　　　（　　）

黑先,写出征吃白棋的过程,不少于5手。

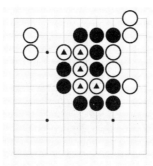

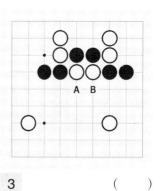

扫码看答案　　扫码看题　　扫码看视频

1　　　　　　　　　　　　　　2

黑先,写出征吃白棋的过程,不少于9手。

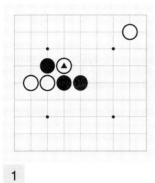

1　　　　　　　　　　　2　　　　　　　　　　3

6.自身气紧影响

帮黑棋选择正确的征吃方向。

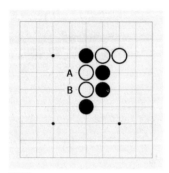

1 （　　）

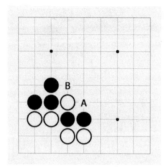

2 （　　）

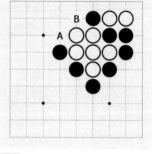

3 （　　）

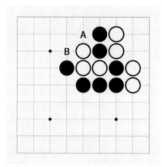

4 （　　）

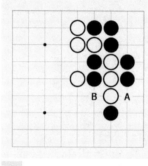

5 （　　）

6 （　　）

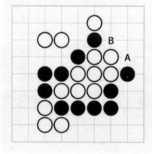

7 （　　）

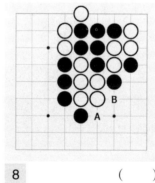

8 （　　）

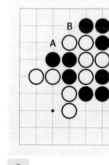

9 （　　）

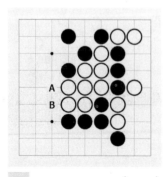

10 （　　）

扫码看答案　　扫码看题　　扫码看视频

7.防撞气的征吃过程

黑先,写出征吃白棋的过程,不少于5手。

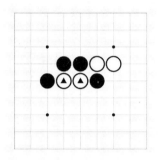

1

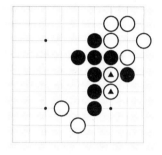

2

3

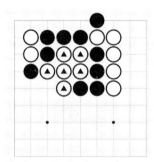

4

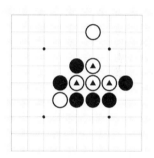

5

6

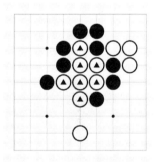

7

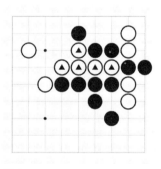

8

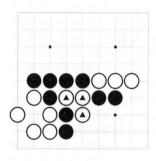

9

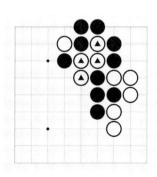

10

扫码看答案　　扫码看题　　扫码看视频

8.实战运用1

黑先,写出征吃白棋的过程,不少于3手。

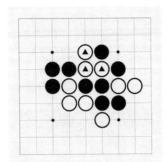

1

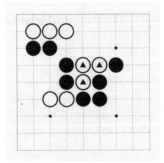

2

3

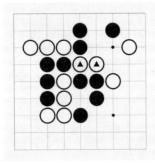

4

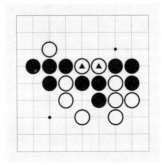

5

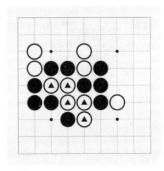

6

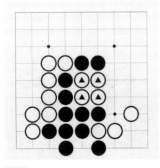

7

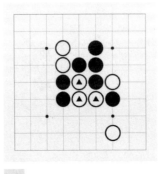

8

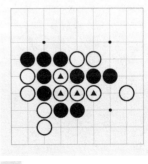

9

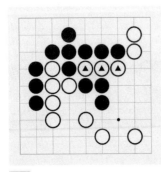

10

扫码看答案　　扫码看题　　扫码看视频

9.实战运用2

黑先,写出征吃白棋的过程,不少于3手。

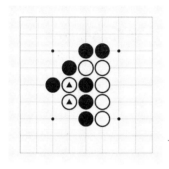

1

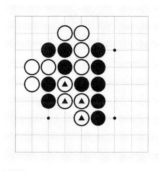

2

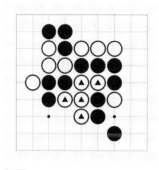

3

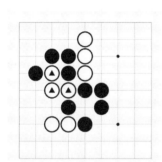

4

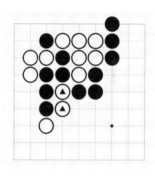

5

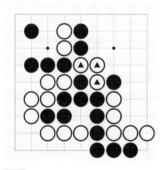

6

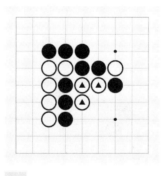

7

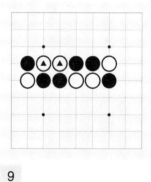

8

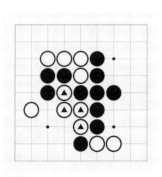

9

10

 扫码看答案　 扫码看题　 扫码看视频

10. 深度拓展

黑先,写出征吃白棋的过程,不少于9手。

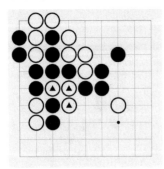

1

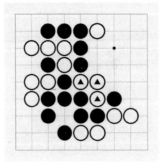

2

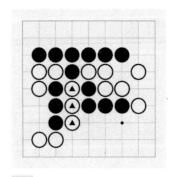

3

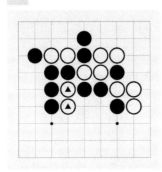

4

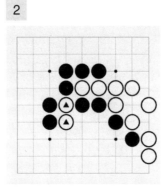

5

黑先,写出特殊征吃的过程。

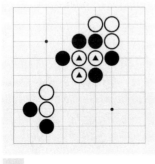

1

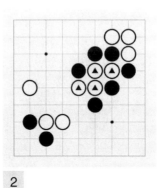

2

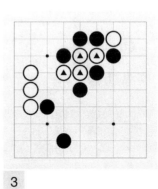

3

帮黑棋选择正确的打吃方向。

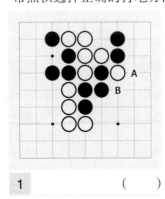

1　　　　　　　( )

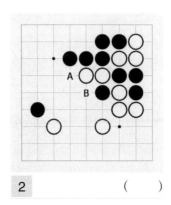

2　　　　　　　( )

扫码看答案

扫码看题

二十四 连续打吃吃子

1.打吃方向

帮黑棋选择正确的打吃方向。

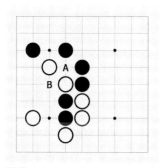

1 　　　　（　）

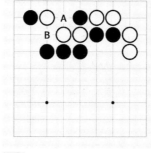

2 　　　　（　）

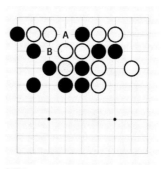

3 　　　　（　）

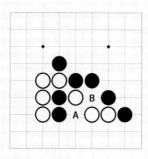

4 　　　　（　）

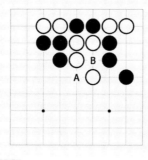

5 　　　　（　）

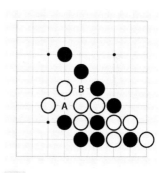

6 　　　　（　）

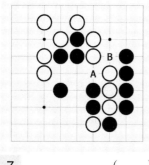

7 　　　　（　）

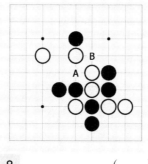

8 　　　　（　）

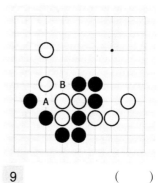

9 　　　　（　）

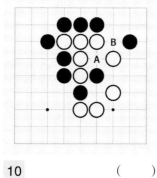

10 　　　　（　）

扫码看答案　　扫码看题　　扫码看视频

2.打吃次序

帮黑棋选择正确的下法。

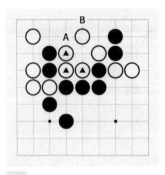

1　　　　（　　）

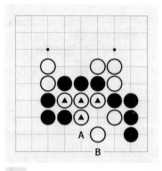

2　　　　（　　）

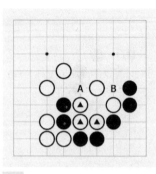

3　　　　（　　）

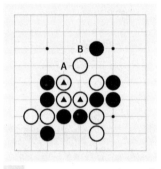

4　　　　（　　）

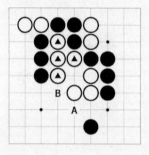
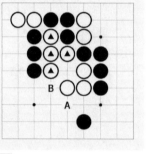

5　　　　（　　）

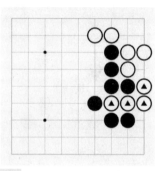

6　　　　（　　）

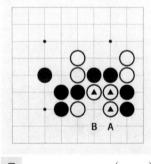

7　　　　（　　）

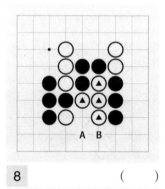

8　　　　（　　）

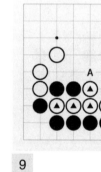

9　　　　（　　）

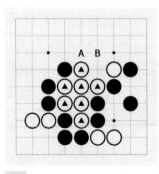

10　　　　（　　）

扫码看答案

扫码看题

扫码看视频

3.连续打吃过程

黑先,写出吃掉标记白子的过程,不少于3手。

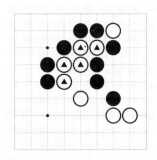

1

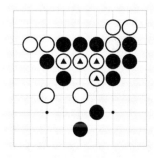

2

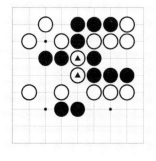

3

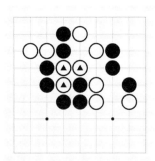

4

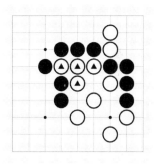

5

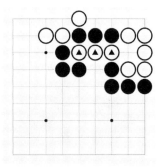

6

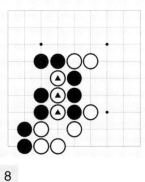

7

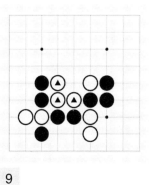

8

9

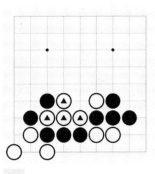

10

扫码看答案　　扫码看题　　扫码看视频

計算力腾飞之路 ❶

4.实战运用

黑先,写出吃掉标记白子的过程,不少于3手。

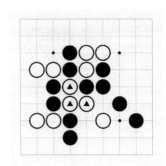

1

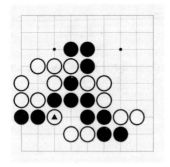

3

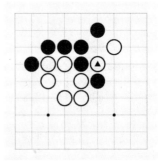

4

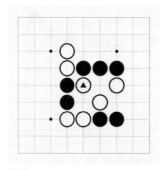

5

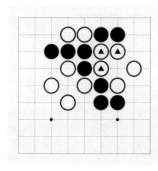

6

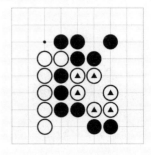

7

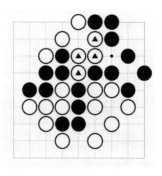

8

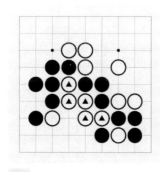

9

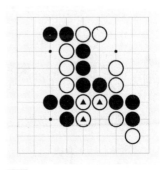

10

扫码看答案

扫码看题

扫码看视频

5.深度拓展

黑先,写出连续打吃吃掉白棋的过程,不少于3手。

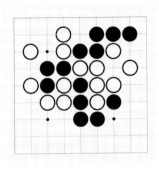

1

2

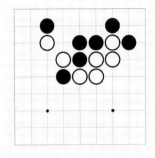

3

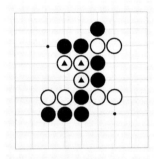

4

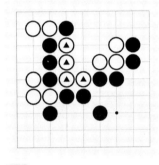

5

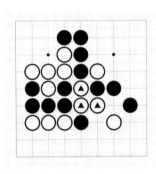

6

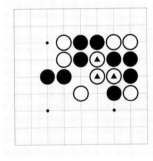

7

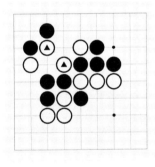

8

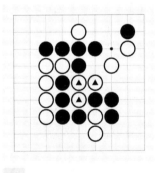

9

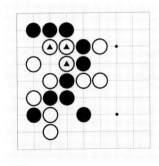

10

扫码看答案

扫码看题

二十五　接不归

1.接不归判断

标记的白棋,此时还能不能逃跑? 能√,不能×。

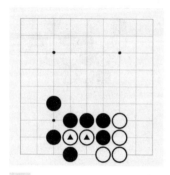

1

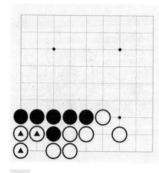

2

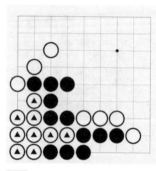

3

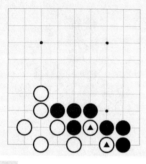

4

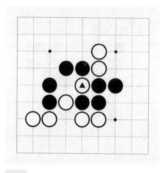

5

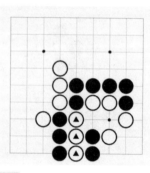

6

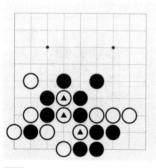

7

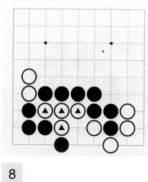

8

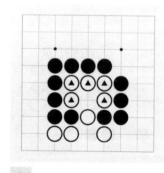

9

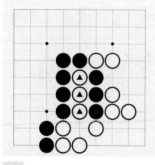

10

扫码看答案

扫码看题

扫码看视频

2.中央接不归

黑先,写出吃掉标记白子的过程,不少于3手。

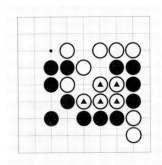

1

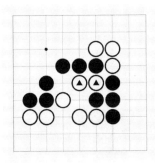

2

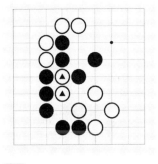

3

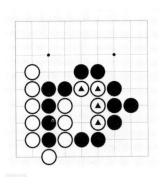

4

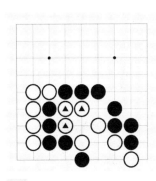

5

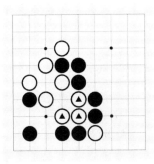

6

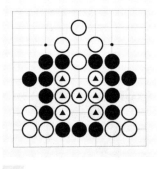

7

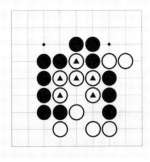

8

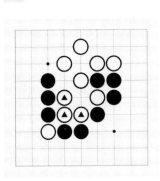

9

10

扫码看答案　　扫码看题　　扫码看视频

3.边角接不归

黑先,写出吃掉标记白子的过程,不少于3手。

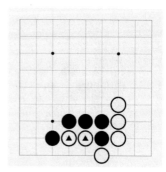

1

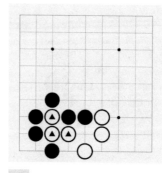

2

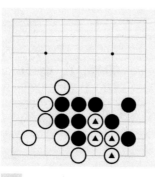

3

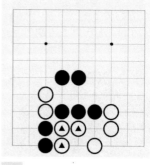

4

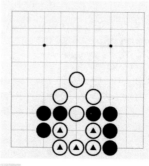

5

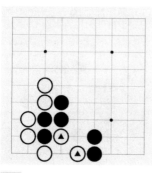

6

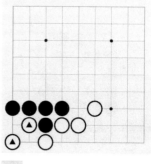

7

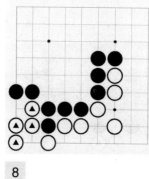

8

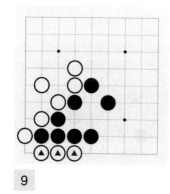

9

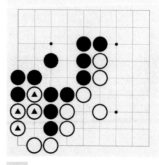

10

扫码看答案　　扫码看题　　扫码看视频

4.收气接不归

黑先,写出收气吃白接不归的过程,不少于5手。

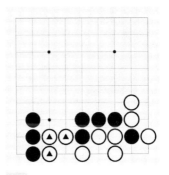

1

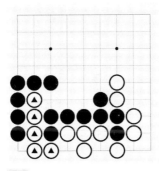

2

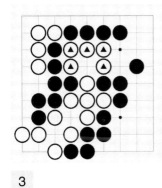

3

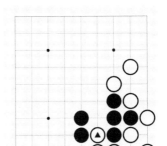

4

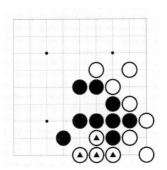

5

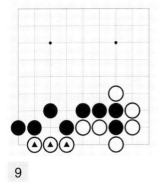

6

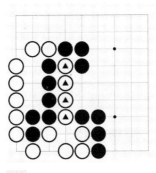

7

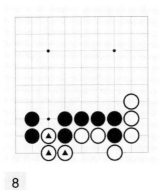

8

9

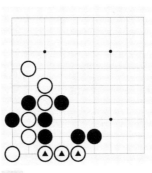

10

扫码看答案

扫码看题

扫码看视频

5.实战运用

黑先,写出运用接不归吃掉白子的过程,不少于3手。

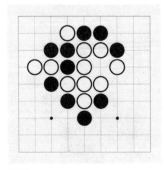

1

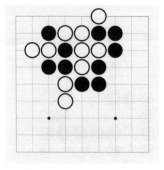

2

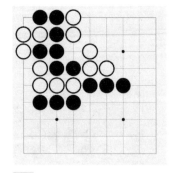

3

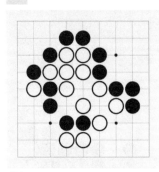

4

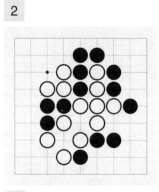

5

黑先,写出吃掉标记白子的过程,不少于3手。

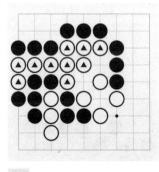

1

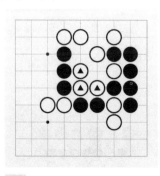

2

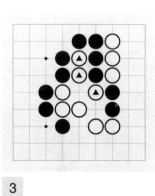

3

黑先,写出收气吃掉标记白子的过程,不少于5手。

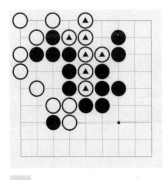

1

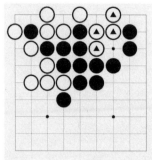

2

扫码看答案

扫码看题

扫码看视频

6.深度拓展

黑先,写出吃掉标记白子的过程,不少于3手。

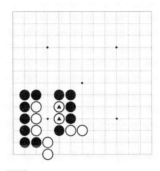

1

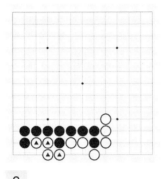

2

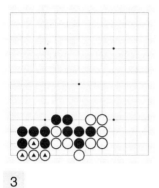

3

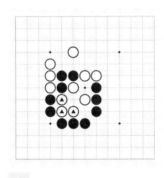

4

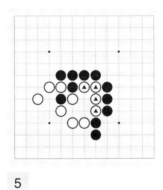

5

哪里可以运用接不归吃掉白棋?

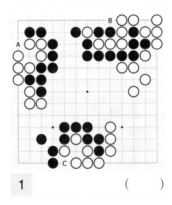

1 　　　（ 　 ）

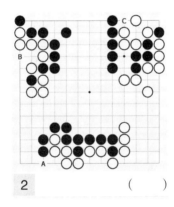

2 　　　（ 　 ）

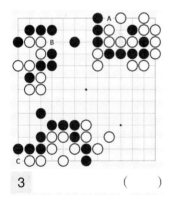

3 　　　（ 　 ）

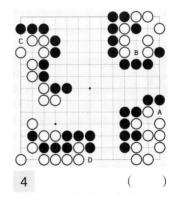

4 　　　（ 　 ）

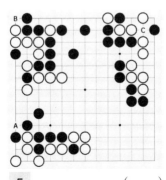

5 　　　（ 　 ）

扫码看答案　　扫码看题

二十六　倒扑

1.倒扑判断与选择

扑后白还能逃跑吗？能√,不能×。

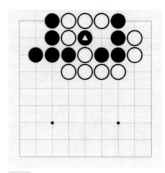

1 　　（　）

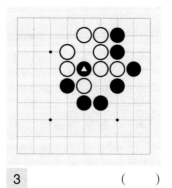

2 　　（　）

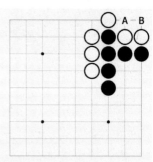

3 　　（　）

帮黑棋选择正确的下法。

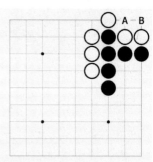

1 　　（　）

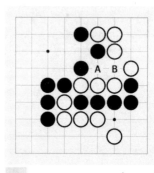

2 　　（　）

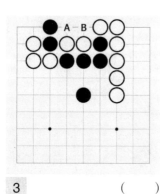

3 　　（　）

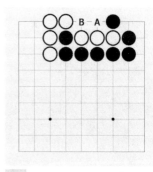

4 　　（　）

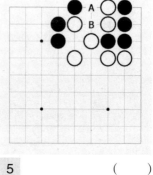

5 　　（　）

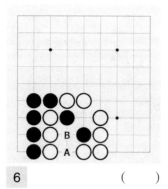

6 　　（　）

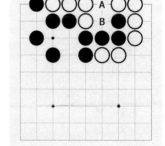

7 　　（　）

扫码看答案

扫码看题

扫码看视频

2.倒扑过程

黑先,写出吃掉标记白子的过程,不少于3手。

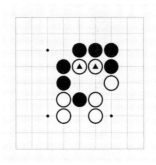

1

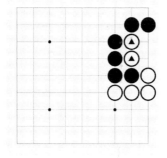

2

3

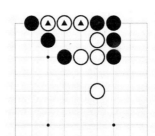

4

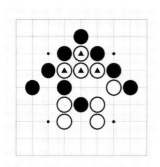

5

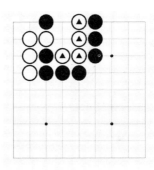

6

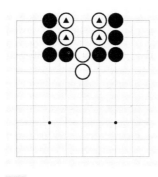

7

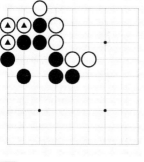

8

9

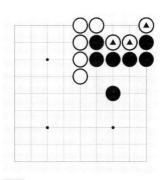

10

3.实战运用

黑先,写出用倒扑吃掉白棋的过程,不少于3手。

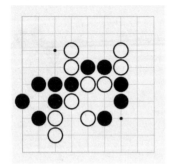
1

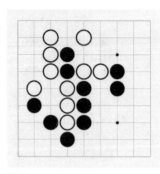
2

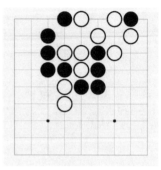
3

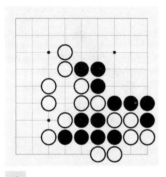
4

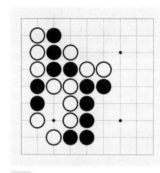
5

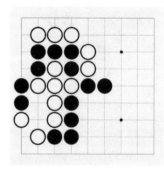
6

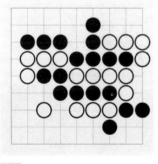
7

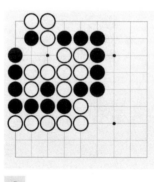
8

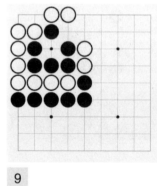
9

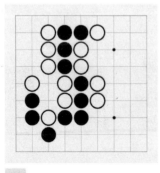
10

扫码看答案

扫码看题

扫码看视频

4.深度拓展

标记的白子能逃跑吗？能√,不能×。

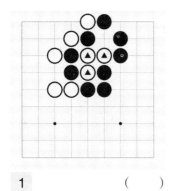

1 　　　　　(　)

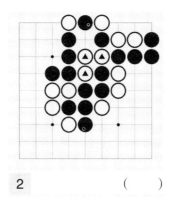

2 　　　　　(　)

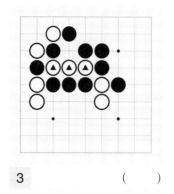

3 　　　　　(　)

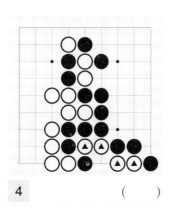

4 　　　　　(　)

扫码看答案　　扫码看题

黑先,写出用倒扑吃掉标记白子的过程,不少于3手。

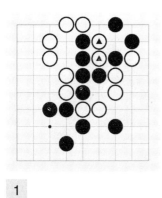

1

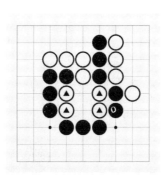

2

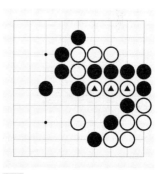

3

4

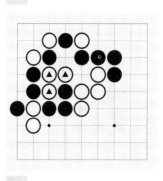

5　　　　　　6

二十七　第五单元复习

1.综合练习1

黑先,写出吃掉标记白子的过程,不少于3手。

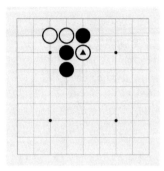

1

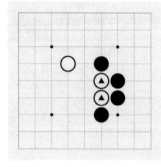

2

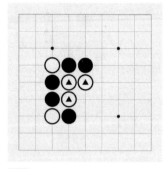

3

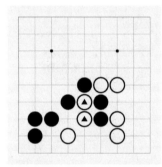

4

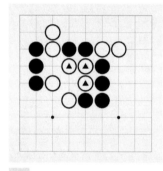

5

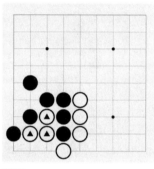

6

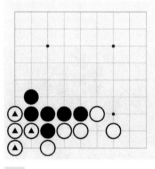

7

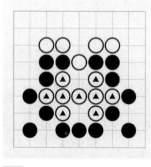

8

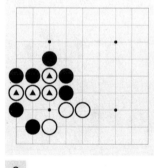

9

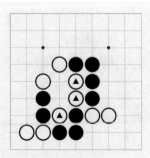

10

扫码看答案

扫码看题

1.综合练习1

1.综合练习2

黑先,写出吃掉白棋的过程,不少于3手。

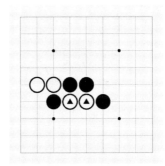

1

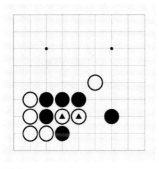

2

3

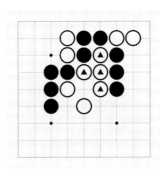

4

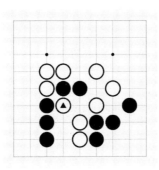

5

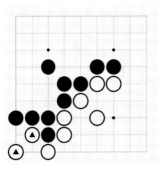

6

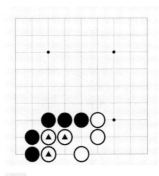

7

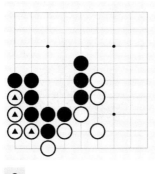

8

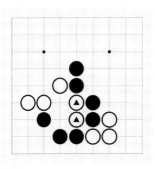

9

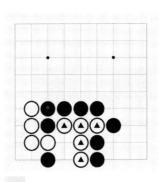

10

扫码看答案

扫码看题

3.实战运用

黑先,写出吃掉白棋的过程,不少于3手。

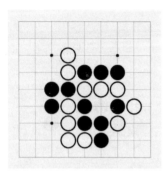

1

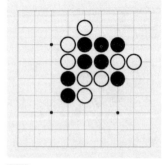

2

3

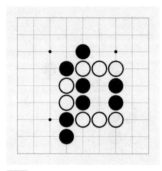

4

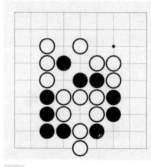

5

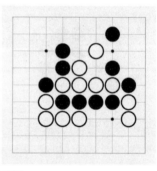

6

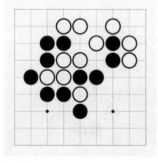

7

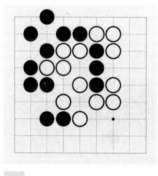

8

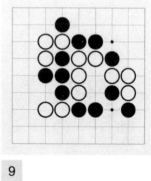

9

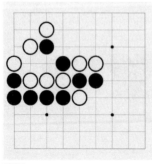

10

扫码看答案

扫码看题

二十八　棋筋的辨别

1.连接判断

标记的黑子连接在一起了吗？连接√，没连接×。

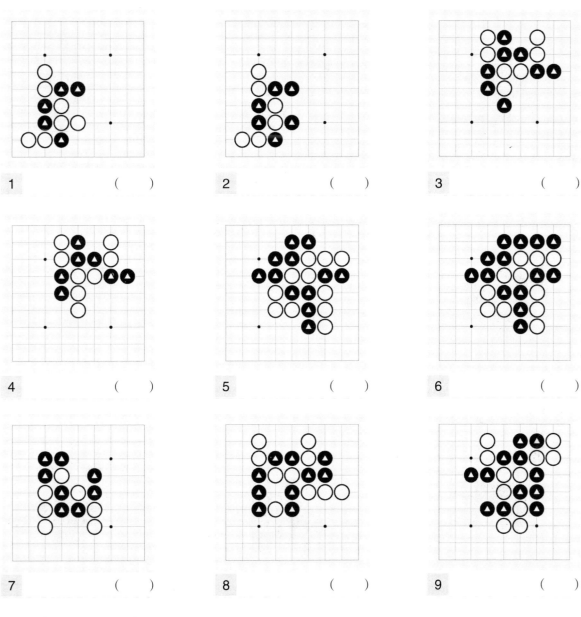

1　　　（　　）　　2　　　（　　）　　3　　　（　　）

4　　　（　　）　　5　　　（　　）　　6　　　（　　）

7　　　（　　）　　8　　　（　　）　　9　　　（　　）

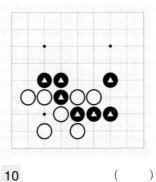

10　　　（　　）

扫码看答案　　扫码看题　　扫码看视频

2.棋筋判断

标记的白子是影响黑三块棋连接的棋筋吗？是√,不是×。

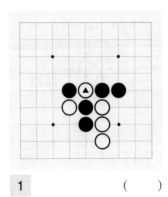

1   （   ）

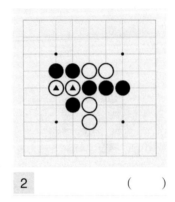

2   （   ）

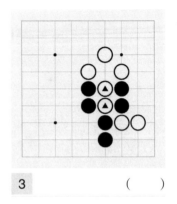

3   （   ）

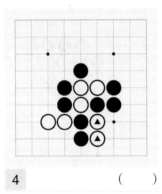

4   （   ）

扫码看答案　　扫码看题　　扫码看视频

选择影响黑三块棋连接的棋筋。

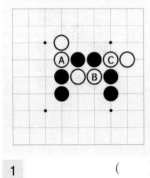

1   （   ）

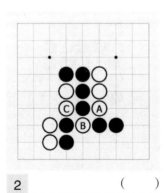

2   （   ）

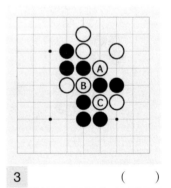

3   （   ）

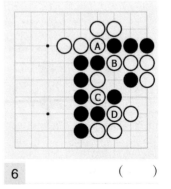

4   （   ）

5   （   ）

6   （   ）

3.吃棋筋连接

黑先,写出通过吃棋筋将标记的黑子连接在一起的过程,不少于3手。

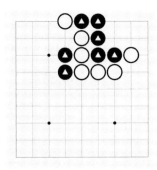

1

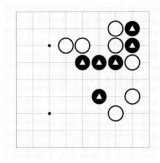

2

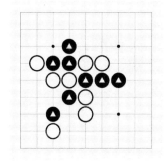

3

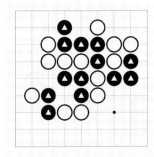

4

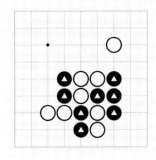

5

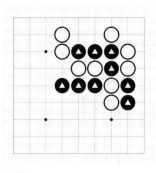

6

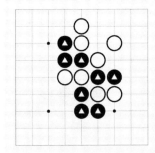

7

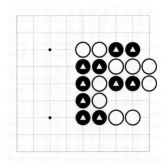

8

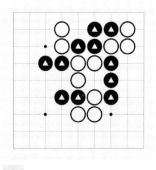

9

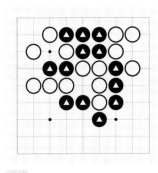

10

扫码看答案

扫码看题

4.救棋筋分断

帮黑棋选择正确的连接,救出棋筋。

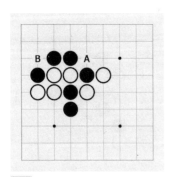

1　　　　　( )

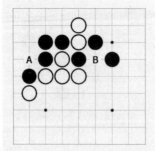

2　　　　　( )

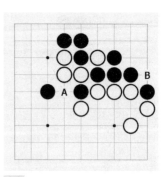

3　　　　　( )

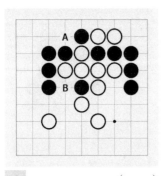

4　　　　　( )

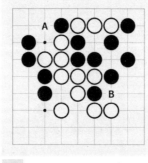

5　　　　　( )

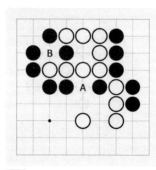

6　　　　　( )

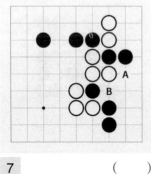

7　　　　　( )

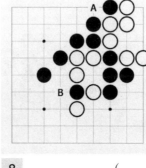

8　　　　　( )

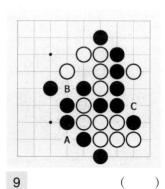

9　　　　　( )

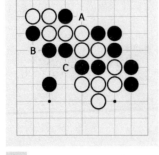

10　　　　　( )

5.实战运用

黑先,判断并吃掉棋筋。

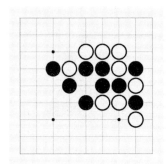

1

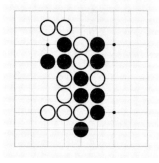

2

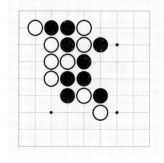

3

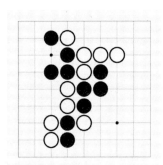

4

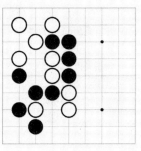

5

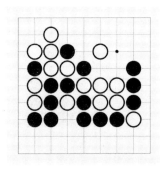

6

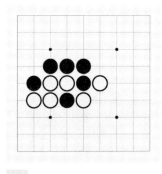

7

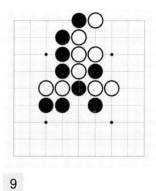

8

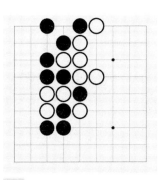

9

10

扫码看答案　　扫码看题　　扫码看视频

6.深度拓展

帮黑棋选择正确的连接。

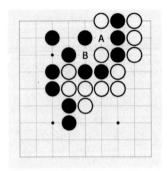

1 　　　　　（ 　 ）

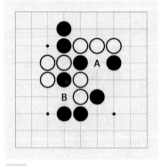

2 　　　　　（ 　 ）

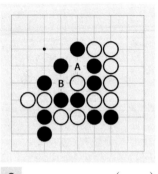

3 　　　　　（ 　 ）

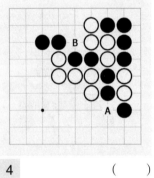

4 　　　　　（ 　 ）

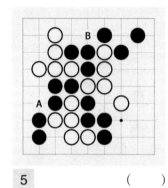

5 　　　　　（ 　 ）

黑先,判断并吃掉棋筋。

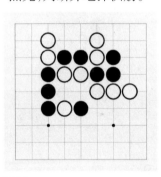

1

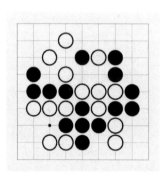

2

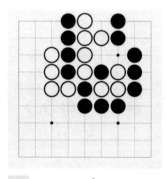

3

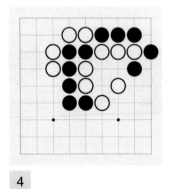

4

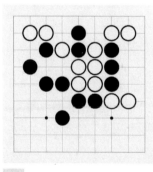

5

扫码看答案

扫码看题

扫码看视频

二十九 打吃的选择

1. 避免撞气

帮黑棋选择正确的打吃方向。

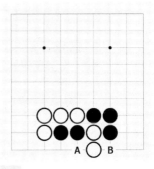

1 　　　（　）

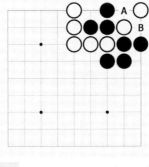

2 　　　（　）

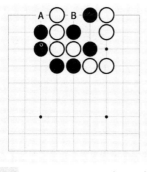

3 　　　（　）

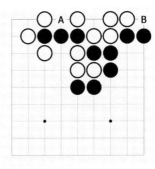

4 　　　（　）

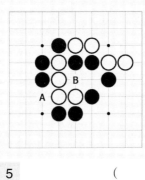

5 　　　（　）

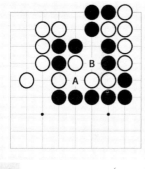

6 　　　（　）

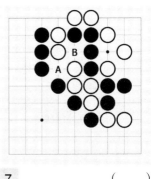

7 　　　（　）

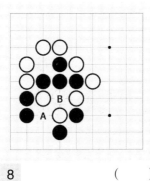

8 　　　（　）

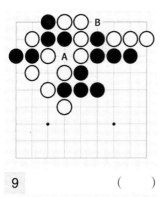

9 　　　（　）

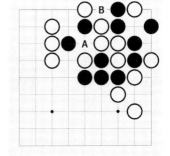

10 　　　（　）

扫码看答案

扫码看题

扫码看视频

2.选择断打

帮黑棋选择正确的打吃方向。

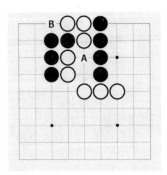

1 　　　（ ）

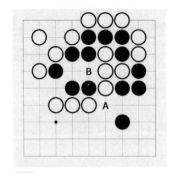

2 　　　（ ）

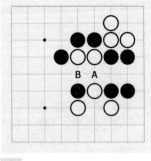

3 　　　（ ）

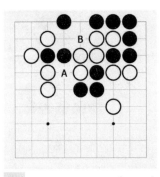

4 　　　（ ）

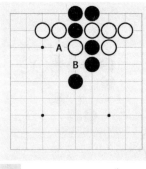

5 　　　（ ）

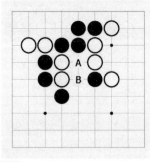

6 　　　（ ）

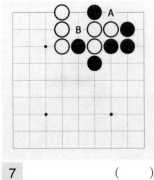

7 　　　（ ）

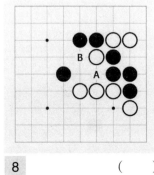

8 　　　（ ）

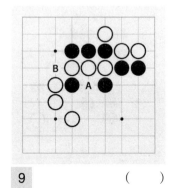

9 　　　（ ）

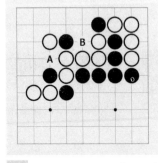

10 　　　（ ）

扫码看答案　　扫码看题　　扫码看视频

3.实战运用

黑先,写出吃掉白子的过程,不少于3手。

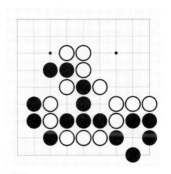

1

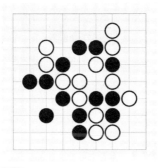

2

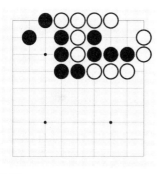

3

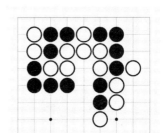

4

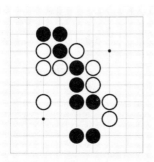

5

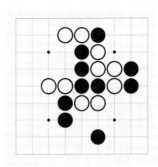

6

7

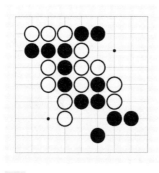

8

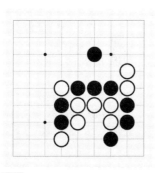

9

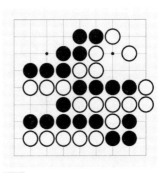

10

扫码看答案 扫码看题 扫码看视频

4.深度拓展

黑先,写出吃掉白子的过程,不少于3手。

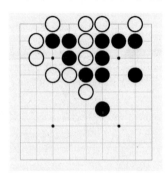

1

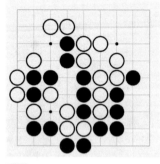

2

3

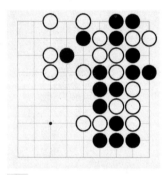

4

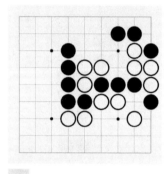

5

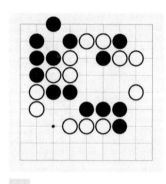

6

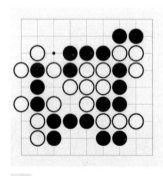

7

帮黑棋选择正确的打吃。

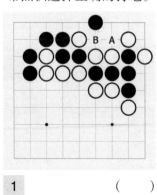

1　　　　　（　　）

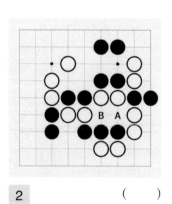

2　　　　　（　　）

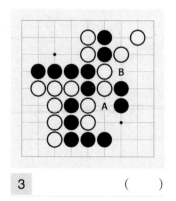

3　　　　　（　　）

三十　逃跑判断

标记的黑子现在能逃跑吗？能√,不能×。

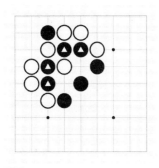

1　　　　（　　）

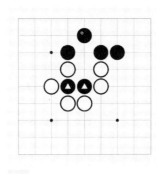

2　　　　（　　）

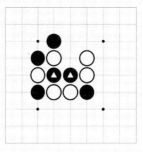
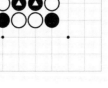

3　　　　（　　）

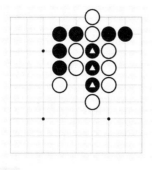

4　　　　（　　）

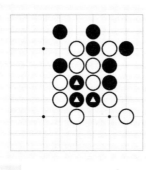

5　　　　（　　）

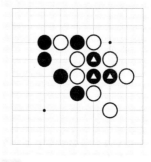

6　　　　（　　）

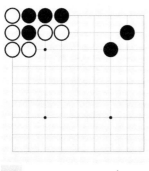

7　　　　（　　）

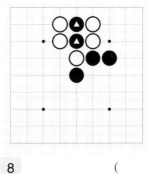

8　　　　（　　）

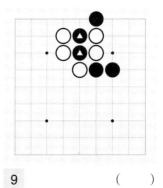

9　　　　（　　）

10　　　　（　　）

扫码看答案　扫码看题　扫码看视频

2.逃跑判断2

标记的黑子现在能逃跑吗？能√,不能× 。

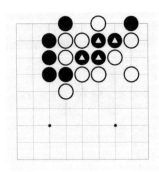

1　　　　　　（　　）

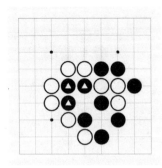

2　　　　　　（　　）

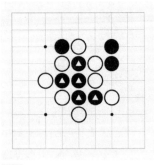

3　　　　　　（　　）

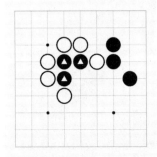

4　　　　　　（　　）

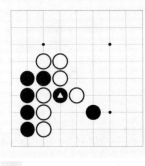

5　　　　　　（　　）

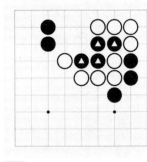

6　　　　　　（　　）

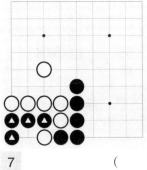

7　　　　　　（　　）

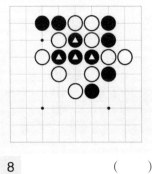

8　　　　　　（　　）

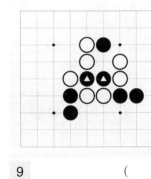

9　　　　　　（　　）

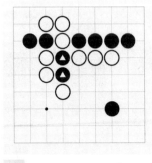

10　　　　　　（　　）

扫码看答案　　扫码看题　　扫码看视频

3.逃跑方向

帮黑棋选择正确的逃跑方向。

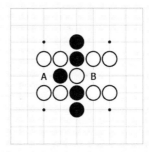

1 　　　　（　）

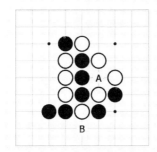

2 　　　　（　）

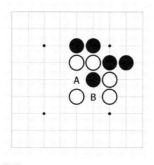

3 　　　　（　）

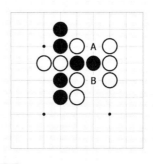

4 　　　　（　）

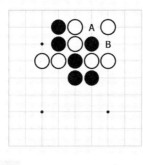

5 　　　　（　）

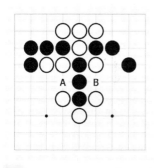

6 　　　　（　）

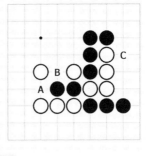

7 　　　　（　）

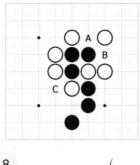

8 　　　　（　）

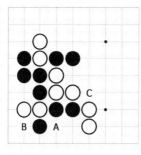

9 　　　　（　）

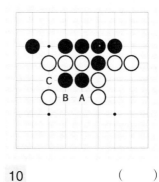

10 　　　　（　）

扫码看答案　　扫码看题　　扫码看视频

4.逃跑过程

黑先,写出逃跑的过程。

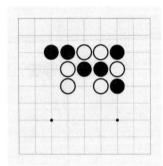

1

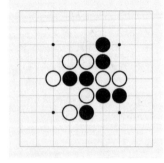

2

3

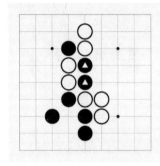

4

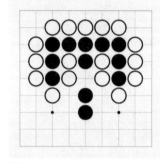

5

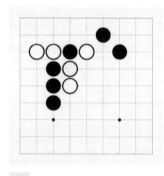

6

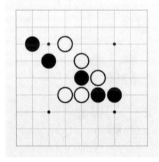

7

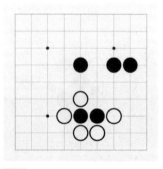

8

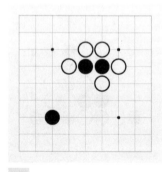

9

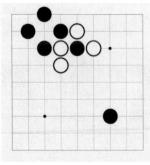

10

扫码看答案

扫码看题

扫码看视频

5.打吃逃跑过程

黑先，写出逃跑的过程。

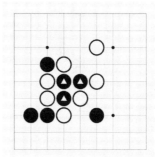

1

2

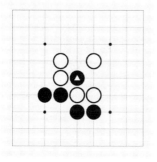

3

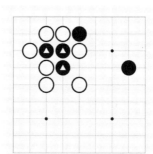

4

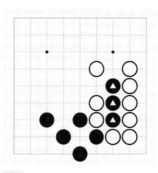

5

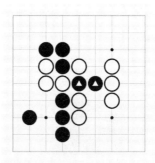

6

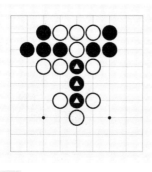

7

8

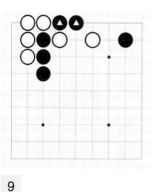

9

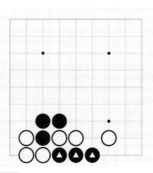

10

扫码看答案　扫码看题　扫码看视频

6.实战运用1

标记的黑子现在能逃跑吗？能√,不能×。

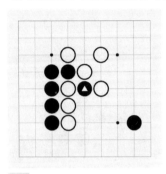

1　　　　　（　）

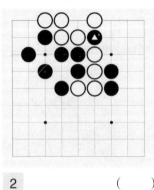

2　　　　　（　）

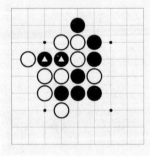

3　　　　　（　）

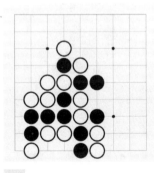

4　　　　　（　）

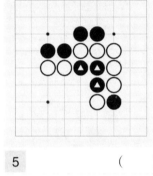

5　　　　　（　）

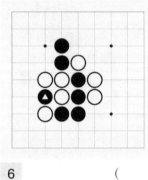

6　　　　　（　）

黑先,救出危险的黑子。

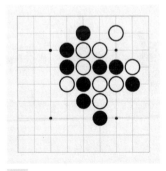

1

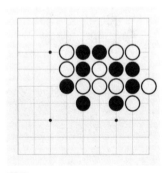

2

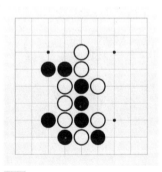

3

4

扫码看答案

扫码看题

扫码看视频

7.实战运用2

黑先,写出逃跑的过程。

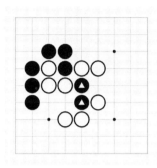

1

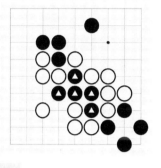

2

3

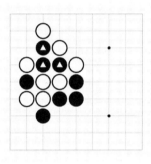

4

5

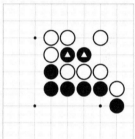

6

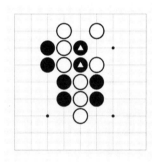

7

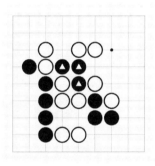

8

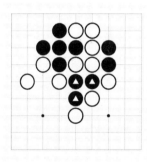

9

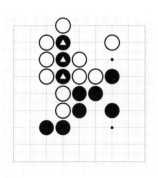

10

扫码看答案　　扫码看题　　扫码看视频

8.深度拓展

标记的黑子现在能逃跑吗？能√,不能×。

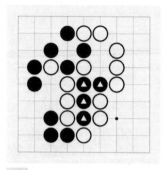

1 　　　　　　　（　　）

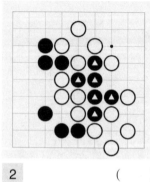

2 　　　　　　　（　　）

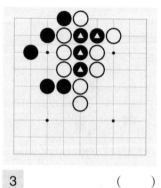

3 　　　　　　　（　　）

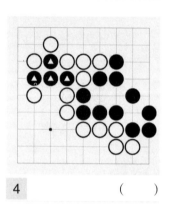

4 　　　　　　　（　　）

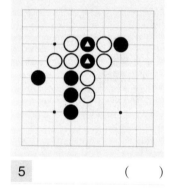

5 　　　　　　　（　　）

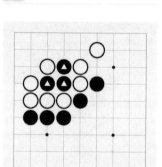

6 　　　　　　　（　　）

黑先,写出逃跑的过程。

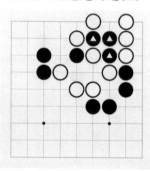

1

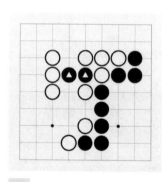

2

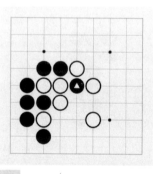

3

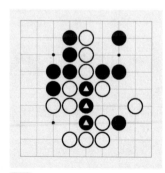

4

扫码看答案　　扫码看题

三十一　吃子判断

1.吃子方向

帮黑棋选择正确的吃子方向。

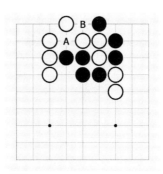

1　　　　（　　）

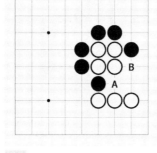

2　　　　（　　）

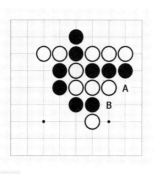

3　　　　（　　）

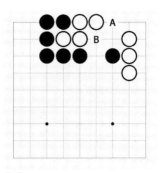

4　　　　（　　）

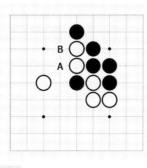

5　　　　（　　）

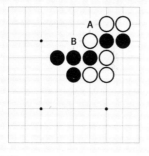

6　　　　（　　）

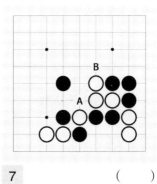

7　　　　（　　）

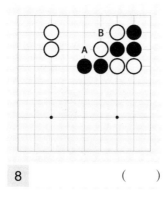

8　　　　（　　）

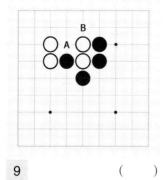

9　　　　（　　）

10　　　　（　　）

扫码看答案

扫码看题

扫码看视频

計算力腾飞之路 ❶

2.吃子判断

判断下一手能不能吃掉标记的白子。能√,不能×。

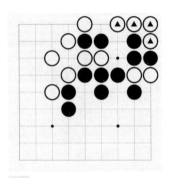

1 　　　　(　)

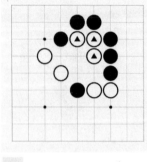

2 　　　　(　)

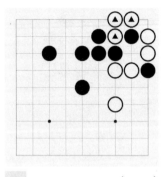

3 　　　　(　)

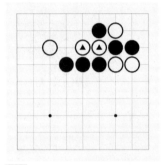

4 　　　　(　)

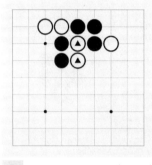

5 　　　　(　)

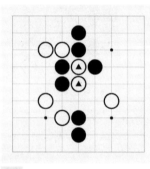

6 　　　　(　)

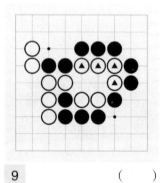

7 　　　　(　)

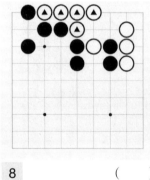

8 　　　　(　)

9 　　　　(　)

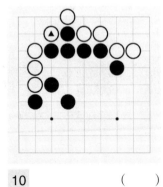

10 　　　　(　)

扫码看答案　　扫码看题　　扫码看视频

3.吃子目标

帮黑棋选择正确的吃子目标。

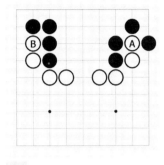

1 （ ）

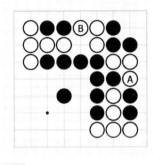

2 （ ）

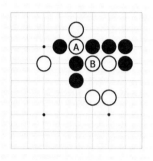

3 （ ）

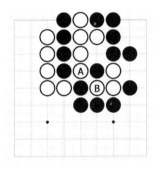

4 （ ）

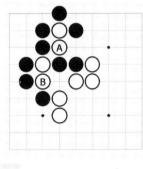

5 （ ）

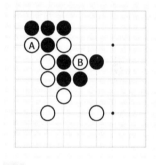

6 （ ）

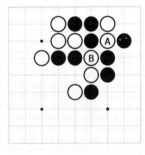

7 （ ）

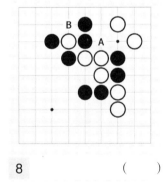

8 （ ）

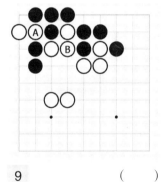

9 （ ）

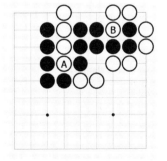

10 （ ）

扫码看答案

扫码看题

扫码看视频

4.实战运用

帮黑棋选择正确的吃子方向。

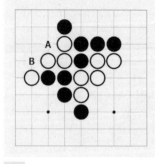

1　　　　　（　）

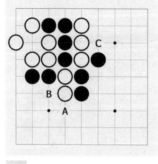

2　　　　　（　）

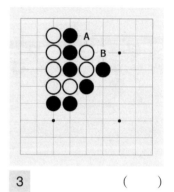

3　　　　　（　）

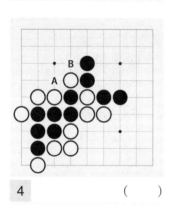

4　　　　　（　）

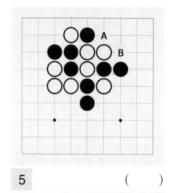

5　　　　　（　）

帮黑棋选择正确的吃子目标。

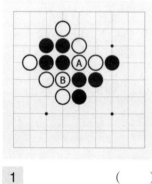

1　　　　　（　）

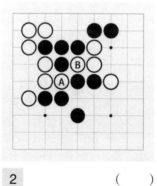

2　　　　　（　）

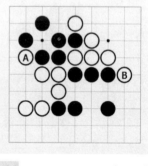

3　　　　　（　）

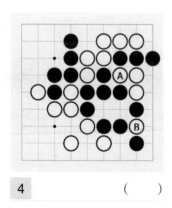

4　　　　　（　）

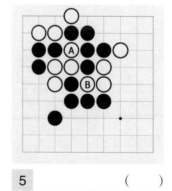

5　　　　　（　）

扫码看答案

扫码看题

扫码看视频

5.深度拓展

帮黑棋选择正确的下法。

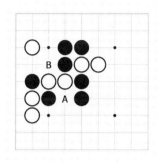

1 　　　　（　）

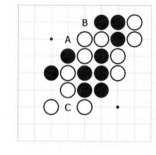

2 　　　　（　）

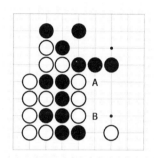

3 　　　　（　）

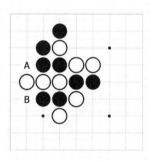

4 　　　　（　）

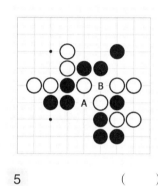

5 　　　　（　）

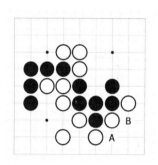

6 　　　　（　）

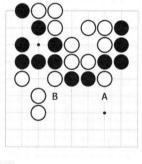

7 　　　　（　）

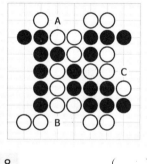

8 　　　　（　）

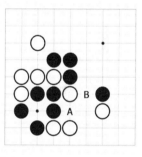

9 　　　　（　）

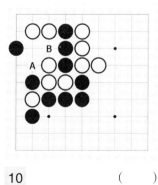

10 　　　　（　）

扫码看答案　　扫码看题

三十二　攻防判断

1.安危判断

哪块棋最容易被吃掉?。

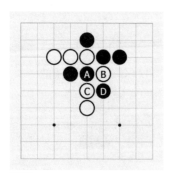

1　　　　　（　　）

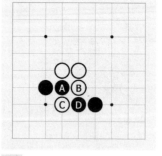

2　　　　　（　　）

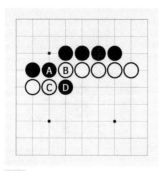

3　　　　　（　　）

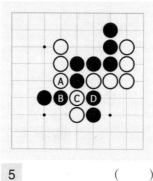

4　　　　　（　　）

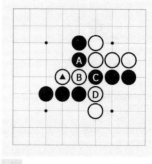

5　　　　　（　　）

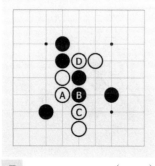

6　　　　　（　　）

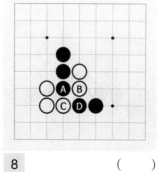

7　　　　　（　　）

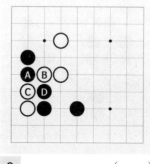

8　　　　　（　　）

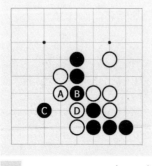

9　　　　　（　　）

10　　　　　（　　）

扫码看答案　　扫码看题　　扫码看视频

2.防守选择

帮黑棋选择最紧急的防守。

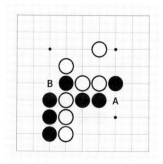

1　　　　（　）

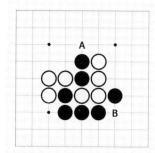

2　　　　（　）

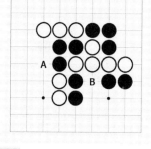

3　　　　（　）

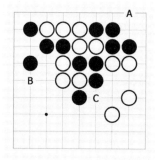

4　　　　（　）

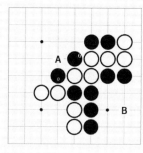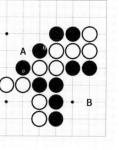

5　　　　（　）

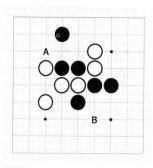

6　　　　（　）

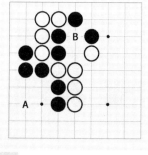

7　　　　（　）

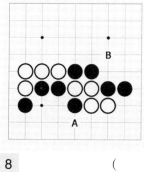

8　　　　（　）

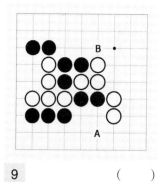

9　　　　（　）

扫码看答案　扫码看题　扫码看视频

10　　　　（　）

3.攻防判断

帮黑棋进行攻击与防守的选择。

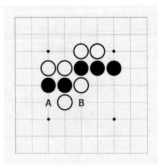

1　　　　　（　　）

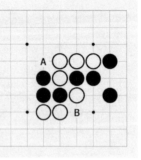

2　　　　　（　　）

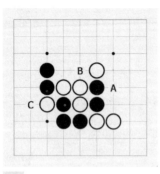

3　　　　　（　　）

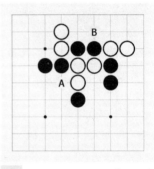

4　　　　　（　　）

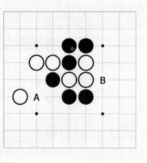

5　　　　　（　　）

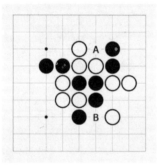

6　　　　　（　　）

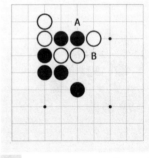

7　　　　　（　　）

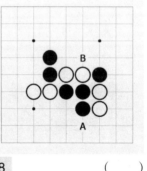

8　　　　　（　　）

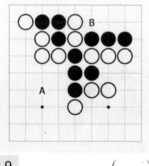

9　　　　　（　　）

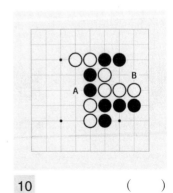

10　　　　　（　　）

扫码看答案　　　扫码看题　　　扫码看视频

4.实战运用

帮黑棋进行攻击与防守的选择。

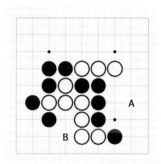

1　　　（　　）

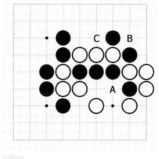

2　　　（　　）

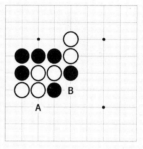

3　　　（　　）

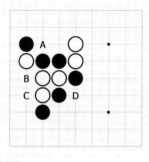

4　　　（　　）

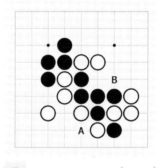

5　　　（　　）

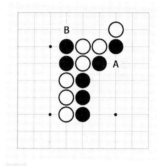

6　　　（　　）

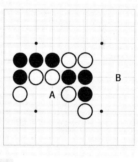

7　　　（　　）

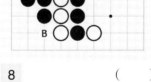

8　　　（　　）

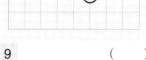

9　　　（　　）

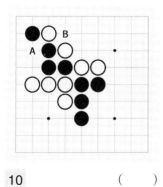

10　　　（　　）

扫码看答案　扫码看题　扫码看视频

5.深度拓展

帮黑棋选择最好的下法。

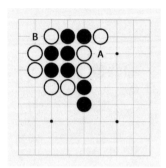

1 　　　　（　）

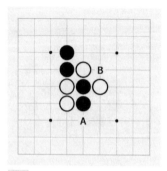

2 　　　　（　）

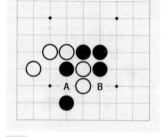

3 　　　　（　）

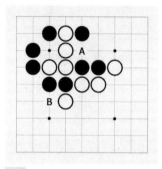

4 　　　　（　）

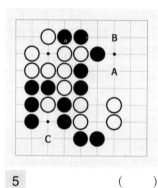

5 　　　　（　）

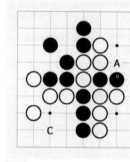

6 　　　　（　）

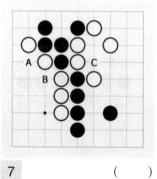

7 　　　　（　）

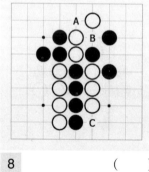

8 　　　　（　）

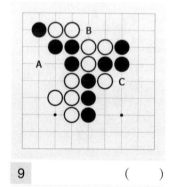

9 　　　　（　）

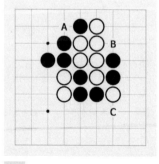

10 　　　　（　）

扫码看答案　　扫码看题

三十三 第六单元复习

1.综合练习1

标记的黑子现在能逃跑吗？能√,不能×。

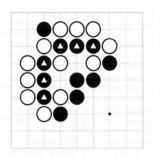

1　　　（　）

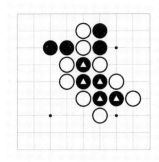

2　　　（　）

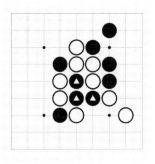

3　　　（　）

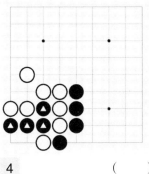

4　　　（　）

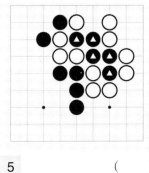

5　　　（　）

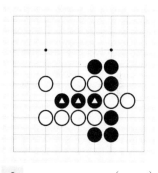

6　　　（　）

黑先,写出逃跑的过程。

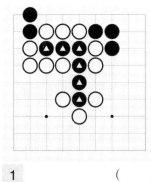

1　　　（　）

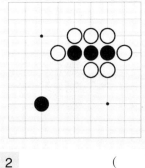

2　　　（　）

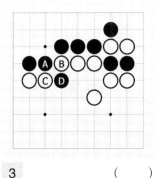

3　　　（　）

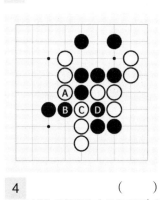

4　　　（　）

2.综合练习2

帮黑棋选择正确的吃子方向。

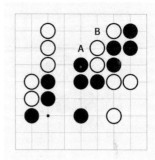

1

2

帮黑棋选择正确的吃子目标。

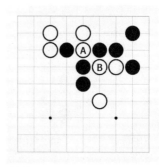

1

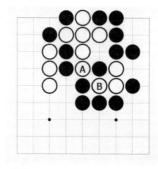

2

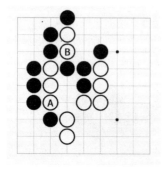

3

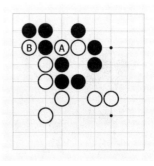

4

帮黑棋进行进攻与防守的选择。

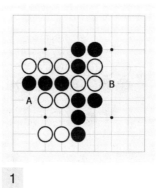

1

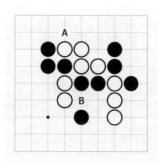

2

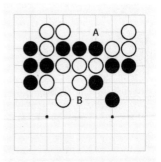

3

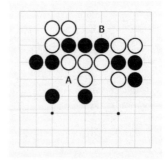

4

扫码看答案　　扫码看题

[]

3.实战运用

标记的黑子现在能逃跑吗？能√,不能×。

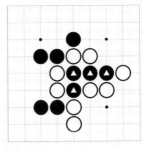 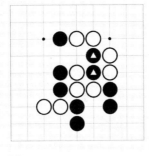 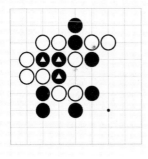

1 （　） 　 2 （　） 　 3 （　）

黑先,写出逃跑的过程。

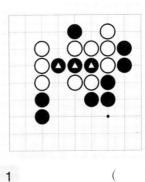 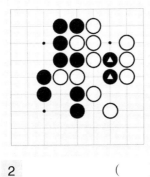

1 （　） 　 2 （　）

帮黑棋选择最好的下法。

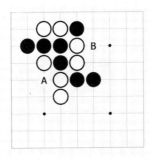 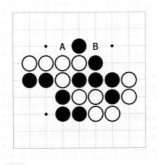 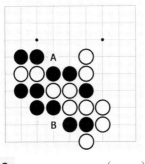

1 （　） 　 2 （　） 　 3 （　）

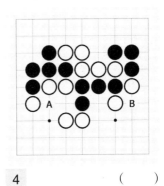 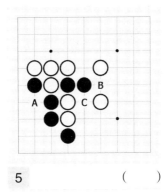

扫码看答案　　扫码看题

4 （　） 　 5 （　）

三十四　期末复习

1.综合练习1

运用虎口补断。

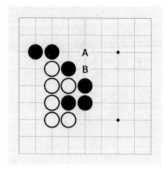

1

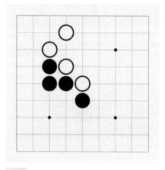

2

黑先,走出吃掉白子的过程。

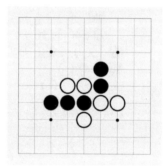

1

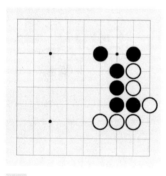

2

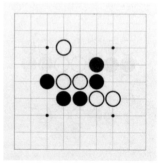

3

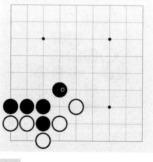

4

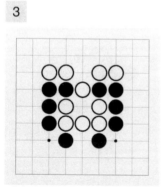

5

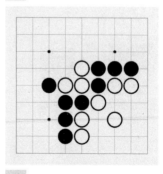

6

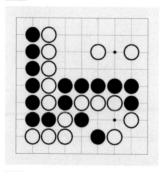

7

8

扫码看答案　　扫码看题

2.综合练习2

黑先,走在哪里可以连接?

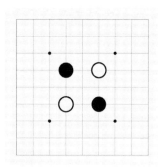

1

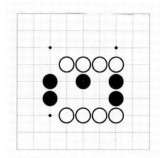

2

黑先,走出吃掉白子的过程。

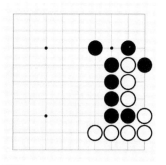

1

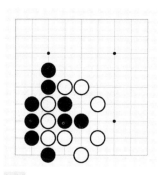

2

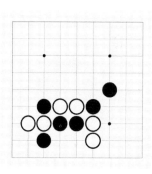

3

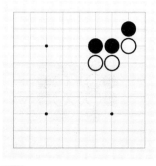

4

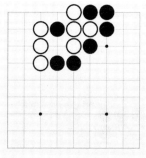

5

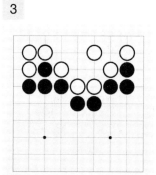

6

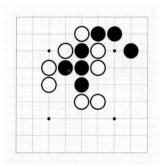

7

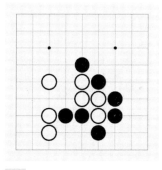

8

扫码看答案　　　扫码看题

3.综合练习3

黑先,分断白棋。

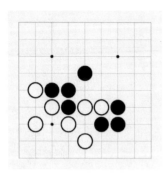

1

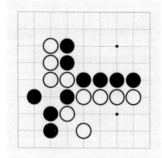

2

黑先,写出吃掉白子的过程。

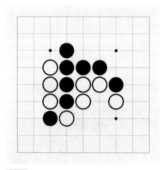

1

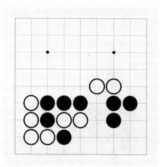

2

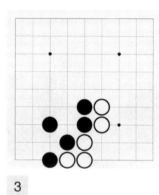

3

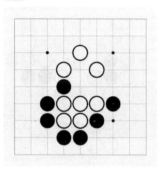

4

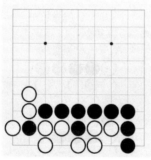

5

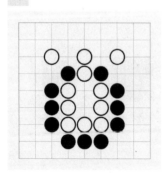

6

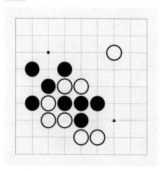

7

8

扫码看答案

扫码看题

4.实战运用1

帮黑棋选择正确的分断。

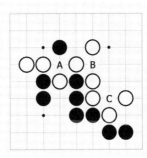 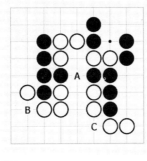 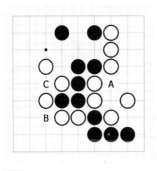

1　　　　（　） 2　　　　（　） 3　　　　（　）

黑先,写出吃掉白子的过程。

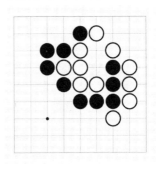 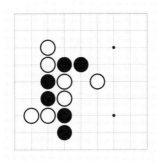 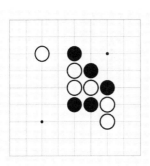

1 2 3

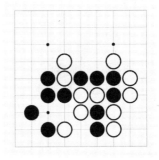 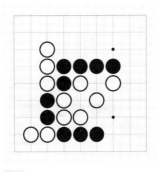 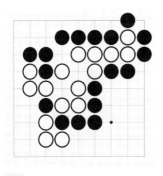

4 5 6

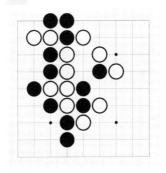

7

扫码看答案　扫码看题

5.实战运用2

标记出所有白棋的禁入点。

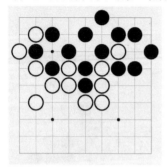

1

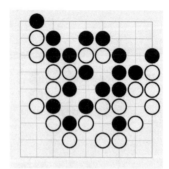

2

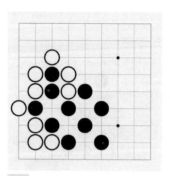

3

标记出劫争。

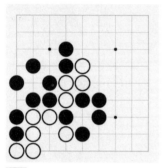

1

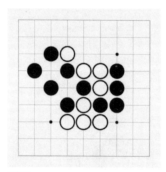

2

黑棋该如何消劫？

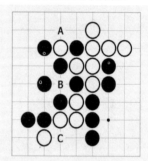

1

帮黑棋选择最好的下法。

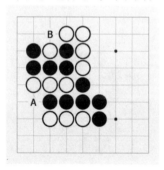

1　　　　（　　）

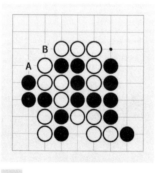

2　　　　（　　）

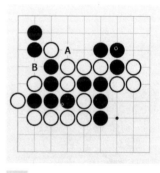

3　　　　（　　）

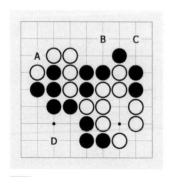

4

扫码看答案　　扫码看题